Der Autor, aufgewachsen in Köln, hat an der FU Berlin Religionswissenschaft, Phiolosophie, Alte Geschichte und anschließend Architektur an der Hochschule der Künste studiert. 1988 bis 1989 Entwurfsarbeiten in Barcelona, nach der Wende in Berlin. Von 1992 bis 2000 lehrte er in Graz als Assistent am Institut für Gebäudelehre und Wohnbau der Technischen Universität, seit Herbst 2002 als Lehrbeauftragter für Architekturtheorie und Geschichte an der Architekturfakultät der Hochschule Bremen.

Bisherige Veröffentlichungen: Einige Aufsätze zur Moderne in „Archithese" und „Daidalos", vor allem 2001 sein Buch: „Architektur des Horizonts - Bericht vom territorialen Entwurf", als.grundlegendes Plädoyer für eine geozentrische Gestaltung. Das vorliegende Buch über den jungen Vico sondiert das philosophische Milieu, in dem das künstlerische Ingenium Einspruch erhebt gegen den sich durchsetzenden Rationalismus.

Heinrich F. Jennes

# Ingenium und Topik
# im Werk des jungen Giambattista Vico
## Spätbarockes Vorspiel zur
## „Scienza Nuova"

Der Umschlaggestaltung liegt ein Holzschnitt des „Ingegno" zugrunde aus Cesare Ripas „Iconologia", Rom 1603; Georg Olms Verlag Hildesheim-New York 1970

Herstellung:
Books on Demand GmbH Norderstedt 2003
ISBN 3-8330-0025-2

## I. Das Ingenium

## II. Die Geschichtsmächtigkeit der ‚Etymologie‘

## III. Ingenium und Topik.

Der Umgang mit den Topoi: Bloß ‚anreißen‘.
Gegen den die Einzelheit auf den Syllogismus reduzierenden Topikbegriff des Aristoteles; gegen ihre strukturalistische Deutung. Vicos Interesse an erneuernder Entdeckung

Die Gewinnung der ‚terza idea‘ durch die Topik.
Weshalb Wahrgenommenes Wahres ist.
Die Topik als Mimesis an die Sache und den Begriff.

Das Problem der Form und Formlosigkeit als Konstituentien der Urteilskraft. Verteidigung der Einzelheit.
Die ‚Umstände‘ der Dinge.

# IV.  Die Idee

 Vasaris Begriff des Disegno und Concetto.

Der geschichtlich-gesellschaftliche Concetto-Begriff Vicos.
**Hauptstück**: Der sensus communis und seine Erneuerung.
Die Flügel des Ingeniums.
Etymologie als Probehandeln (Raggirare und Penetrare). ‚Kennen‘ der Geschichte.

‚Revolution‘ im Denkbild: Redner-Publikum.
Der Pfeil, Argument, Tertium.
Losschnellen des Pfeiles, Ablenken,
Entfremden, Zuspitzen.
Der Blitz, unio mystica.

Erste nähere Bestimmung der Stadien dieser Revolutionierung: Das Argument, der Winkel, Radikalisieren der Gegensätze, Entkörperlichung der Affekte.

Zweite nähere Bestimmung: Neurepräsentation der Affekte.
‚Topos‘, die Frage, Klage aus der Unerfülltheit.

# Vorwort

Giambattista Vico hat mit seiner berühmten Philosophie der Gattungsgeschichte, der „Scienza Nuova" von 1744, eine starke Wirkung ausgeübt auf die Denker und Künstler des Spätbarock, überdeutlich auf Giambattista Piranesi, dem die Architekturerforschung immer tiefere und frühere Schichten erschloß, so wie es für Vico die Geschichte der menschlichen Zivilisation getan hat: Sie beginnt mit den Mythen, steigt in gleichförmiger Struktur spiralig auf und nieder und zielt zuletzt auf die eigene Zeit und den eigenen Ort, das spanisch beherrschte Neapel des 18. Jahrhunderts, dessen politische Zustände sie zu verändern sucht.

Vicos vorhergehende Werke lassen einiges von dieser epochalen Perspektive erahnen. Noch zehren sie von Nachbargebieten, von der Metaphysik, Kunst, Naturwissenschaft, Sprachforschung,, Jurisprudenz und Rhetorik, deren Qualitäten Vico, mühsam noch und kompliziert, doch schon mit starker Intention verbindet.

Gegen den kartesianischen Rationalismus, so scheint es, flackert hier zum letzten Mal das humane Pathos der Renaissance auf, wenn technische Errungenschaften fast ungebrochen gedeutet werden als veranschaulichende Beweise für eine gesellschaftliche Mechanik, deren paradigmatischer Kern im Verhältnis des Rhetors zu seinem Publikum liegt, dem „sensus communis". Der Redner und sein Publikum, ihr Drama einer demokratischen Verbesserung unerträglicher und unhaltbarer Verhältnisse, charakterisiert zuletzt auch die klassischen Großbegriffe der Metaphysik; sie werden erwartungsvoll umgemünzt zu den Instanzen einer gesellschaftlich künstlerischen Kraft, die vom Menschen selbst ausgeht, von seinem Ingenium, das längst noch nicht beschränkt war auf das Privileg der Ingenieure.

# Einleitung

Weitauseinanderliegendes zu vereinigen ist die Natur des Ingeniums, sein Hilfsmittel die Topik, die Kunst des Findens, das Ergebnis: Erfindung, ähnlich der Beute des Bogenschützen, in dessen Gestalt das Ingenium zu bedenken sein wird. Entferntes nicht nur im Bereich der Natur, im Raum aufzuspüren und zum technischen Erzeugnis zu vereinigen, sondern Entferntes im Bereich der Geschichte, der Zeit, zu binden an die Gegenwart zugunsten einer Erneuerung der Gesellschaft, dies ist das Anliegen des jungen Vico, das er im Alter zu universaler Ausprägung führt in seiner „Scienza Nuova", eine alle Zeiten umfassende Entwicklungsgeschichte der Völker, derentwegen er der Begründer der Geschichtsphilosophie genannt wird. Vicos Interesse gilt dem Schauplatz seines Wirkens, Neapel um 1700. Diese Stadt stand seit 200 Jahren unter spanischer Herrschaft und der kolonialistischen Ausbeutungspolitik ihrer Vizekönige. Immer wieder war es zu Volksaufständen und ihrer blutigen Niederwerfung gekommen; der schlagkräftigste und berühmteste, 1647, wird mit dem Namen des Fischers Masaniello verbunden. Im Verlauf der folgenden Jahrzehnte sickerte der Protest auch in sublimere Zonen. Die Intellektuellen wollten sich nicht weiter von den Jesuiten und deren scholastischer Lehre an der Universität knebeln lassen. Man sammelte sich in Privatzirkeln zum Disput über die neue Lehre des spanischen Gegners Frankreich, den Cartesianismus. Die von ihm legitimierte Autonomie des Erkennenden sollte derjenigen Neapels und seiner Region, der Einheit Süditaliens präfigurieren. Aber auch die

Renaissancephilosophie galt als Protestwissen, nicht nur ihres Antiklerikalismus, sondern auch wegen ihres Engagements für eine einheitliche italienische Landessprache. Und wenn der Leser in der hier vorgelegten Untersuchung von der engen Bindung zwischen ‚Wort' und ‚Gemachtem' (verbum und factum) erfährt, so mag er darin auch diese von Vico ersehnte nationale Einheit und Autonomie ersehen.

Cesare Ripas Darstellung des ‚Ingegno' als Bogenschütze gibt für die nachfolgende Untersuchung die triftigste Anschauung vor. Die ‚Kunst des Bogenschießens' wird dann bei Vico zu finden sein in der gesellschaftskonstituierenden Reflexion der Geschichte, und nicht in einem, Ablösung statt Verstrickung versprechenden, sprachlosen Eintauchen in die sichselbstgleiche kosmische Harmonie, als die Eugen Herrigel die zenbuddhistische Lehre uns nahebringen möchte. Um Figuren der Vermittlung zu ‚erfinden', besteht das Ingenium selber aus Figuren als Mittler; es ist keine gestaltlose, überzeitliche, aus Ursprüngen in Erfindungen hinein strömende Kraft, - als die es vom romantischen Genie-und Intuitionsdenken gefaßt wird - sondern es enthält seiner gesellschaftlichen Ausrichtung wegen - das Genie würde seine Erfindung gleichsam neben, nicht in die Gesellschaft stellen - Partikel des ‚Allgemeinsinns' (sensus communis), die als zivilisatorische Figuren von ihm aktualisiert werden zugunsten der Zivilisation. Die Lehre von diesen Figuren, jene Figuren zu ‚erfinden' ist die Topik (topos, der Ort), und dem vicianischen Verständnis nach wird man diese wie jene Figuren als Topoi, verbindende, verbindliche Orte im sensus communis bezeichnen können.

Mit seinem Festhalten an Qualitäten sprengt das Topikverständnis Vicos das der rhetorischen Tradition, die es an die Gerichtsrede gebunden und Topik peinlich formalisiert hatte. Der Begriff der Erscheinung gilt bei Vico nicht mehr bloß dem vor Gericht zu ermittelnden Tatbestand, sondern auch der Natur, der Geschichte und den Worten. Topik wird dadurch zu einer Theorie der Erfahrung universalisiert. Zugleich zweifelt sie Theorie an: Es gibt keine Theorie der Erscheinung, sondern nur eine von dieser oder jener Erscheinung. Darum wird Topik, will sie den Qualitäten gerecht werden, mit jeder Erscheinung eine andere.

Hingegen bleibt einem naturwissenschaftlichen Zugriff das Eigentümliche der Natur verschlossen, ihr Lebendiges; da bleiben auch die Worte leblos: Gegen die dürre Sprache des Wissenschaftlers erhebt Vico die Forderung nicht nur nach 'Reichhaltigkeit der Rede', sondern vor allem nach ‚Reichhaltigkeit der Wahrnehmung', zu der nun Topik verhelfen soll, wie sie selber schon ihr Erzeugnis ist.

Zum Schluß soll der Begriff des Ingeniums gegen die heute sich hartnäckig behauptende Identifizierung mit dem Geniebegriff verteidigt werden. Zu diesem Zweck sind wir auf Zeiten verwiesen, in denen das menschliche Erzeugnis selbst und nicht zuerst die herstellende Person Gegenstand der Reflexion gewesen war.

Giorgio Vasari ist zwar berühmt als Biograph der großen bildenden Künstler der Renaissance; er verfällt aber nicht der Privatisierung ihrer Taten. Der Geniebegriff stellt sich nämlich erst mit der Trennung von Natur und Mensch ein, die sich schließlich derart vergrößert, daß eine Vereinigung beider nur kurzzeitig und mit enormem Kraftaufwand, spirituell und blitzartig zustande kommen und kaum noch als Tun eines Menschen angesehen werden kann.

Vasaris Begriff des Disegno, die Zeichnung und sein Äquivalent auf der Ebene der Reflexion, Concetto, der Begriff, enthielten noch die Entsprechung eines

Allgemeinurteils mit der Idee der Natur; sie waren ihre Verkörperung, deren Bewegtheit sie als Flüchtigkeit aufnehmen und wiedergeben konnten. Der Verlust der darin vorausgesetzten Nähe von Mensch und Natur bestimmt ihre weitere Entwicklung im Manierismus: Die fremd gewordene Natur muß erst gebrochen werden, um Synthese zu gestatten. Die manieristische ‚Pointenkunst‘ entfremdet dabei das Allgemeinurteil seiner Kontinuität. Augenblickshaft nur erscheint es im Erstaunen über das ingeniös Getrennte oder Vereinigte; diese halluzinatorische Setzung und Rezeption der Idee gilt nun als Formel für die Autonomie des Subjekts. Dagegen, jedoch mit den Begriffen des manieristischen Concettismo, richtet sich das Interesse Vicos, den sensus communis, das auf Erneuerung pochende Kontinuierliche, in sein Recht zu setzen. Die renaissancistische Bindung des Erfahrungsbegriffs an den Künstler erscheint beim jungen Vico wieder im Bild des Rhetors, der seinem Publikum concettistisch, irritierend erneuernd die ‚Idee der Geschichte‘ vor Augen führt. Redner und Publikum erscheinen hier in einem Denkbild sublimiert, in dem sie weniger als Personen denn als Verkörperungen des Einen Prozesses der gesellschaftlichen Veränderung auftreten.

Vico mag die Realität seines rhetorischen Konzeptes verspürt haben in den mehr oder weniger geheimen Debattierzirkeln, in denen er verkehrte. Die Vorträge, die hier vor kleiner Zuhörerschaft gehalten wurden, die Veränderung, die sie dort erwirkten, präfigurierten en miniature der erhofften Veränderung draußen.


Die Landessprache interessiert Vico zunächst als Dichter, der er noch im Alter von 30 Jahren werden wollte. Doch sein Beruf als Privatlehrer des Rechts und später seine karg dotierte und zu Nebenarbeiten zwingende Professur für Eloquenz und die späte, doch zuvor schon stets gärende Theorie einer Verbindung zwischen Recht, ‚Rhetorik, Geschichte und Poesie' ersetzten ihm das eigene Auftreten als Dichter. Ja, seine Darstellung der Geschichte gestattet es sogar, die Reflexion über Gedichtetes zu betrachten als dessen Fortsetzung auf einer gesellschaftlich höher stehenden, republikanischen Ebene. Beide, Poesie und ihre Reflexion, sollen sich als geschichtsmächtig ausweisen und nicht bloß Geschichte spiegeln können.

Eine solche Auffassung, wie denn auch sämtliche Schriften Vicos stießen damals auf ein verschärftes Desinteresse. Die Jesuiten, in deren Schule Vico aufgewachsen war, rümpften die Nase über die Behauptung der Selbstmächtigkeit des Menschen, die im Begriff des Ingeniums angeklungen war, erst recht in der zu dessen Gunsten ausfallenden Interpretation des Satzes: Das Wahre und das Gemachte stimmen überein (verum et factum convertuntur). Sie sahen darin eine Einschränkung der göttlichen Allmacht, die als Wesen (ens) Alles und Jegliches zum Wahren (verum) mache (ens et verum convertuntur). Die napolitanischen Oppositionellen hingegen wollten als Cartesianer nichts wissen von frühesten geschichtlichen Zwängen, bestehen sie nun in Form mythischer Erzählungen oder etymologisch recherchierter Begriffe und Bilder, die zudem noch in das Dickicht einer Metaphysik eingeflochten sind. Und noch der Philosophiehistoriker Nicolini wundert sich, weshalb „il dinamissimo Vico" so lange Zeit seines Lebens in einem statischen Denken verharren konnte. Auch die meisten deutschen Interpreten des vicianischen Frühwerks, die fast allesamt auf den Spuren der Phänomenologie Husserls bloß eine alternative, sinnliche Erkenntnismethode oder bestenfalls Sprache als ultima ratio der menschlichen Existenz dingfest machen wollen, gehen vorbei an seiner begriffs- und gesellschaftsverändernden Ambition.

Hingegen wird die hier vorgelegte Untersuchung zeigen, daß Vicos Verschiebungsleistung innerhalb des begrifflichen Gefüges der traditionellen Metaphysik - durch die die mittels des Formalismus verdrängte Triebmacht zur Erscheinung und Realisierung gebracht werden soll, nicht weniger ‚dinamissimo‘ ist als das Leitmotiv seiner 1710 erschienenen Schrift „Metaphysicus" verkündet: Die Kraft des Keiles (vis cunei), der Inneres nach außen und Äußeres nach innen kehrt durch ein der Sexualsphäre nicht fernliegendes Eindringen (penetratio).

Dieses Bild der Revolutionierung des Gegenstandes wird für Vico zur Anschauung der Gesellschaft: Stoff der Erkenntnis sollen nicht, wie den Kartesianern, primär die Naturdinge sein, sondern die Geschichte. Es gibt keine menschliche Freiheit durch einen Bruch mit der Geschichte. Wie in ihrem Verlaufe ständig Gesellschaft konstituiert wird, wie Bewegung der Modus des Bestehens ist, so dient ihr die Triebmacht des Ingeniums, das sie nicht nur betreibt, sondern letztlich auch begreift und erkennt.

Eine solche Verschiebungsleistung nimmt Vico etwa an der tradierten Conatuslehre vor, derzufolge ein alles bewegendes Kraftzentrum (conatus) jedes Einzelding in seiner Bewegtheit bestimmt, und also keine Beeinflussung dieser Einzeldinge unter sich, etwa auf dem Wege des Impulses, als möglich und nötig gedacht werden soll.

Diese Lehre wird für Vico zum Bild der menschlichen Freiheit. Wie er hier Natur anthropomorphisiert, naturalisiert er im Begriff des Ingeniums die menschliche Fähigkeit der Hervorbringung: Das Eingreifen in die

Natur geschieht ‚natürlich‘, d.h. nicht gegen, sondern im Zuge ihrer Bewegung.

Sein Spätwerk, die Geschichtsphilosophie hat die Aussicht auf ein harmonisiertes Naturverhältnis hinter sich gelassen. ‚Hervorbringung‘ bezieht sich nun einzig auf die Gesellschaft. Ihr Erzeugnis ist Geschichte. Die zunehmende Entfernung von Natur, d.h. von ihrer Gründungsfunktion für die Gesellschaft wird jetzt als Chance der menschlichen Freiheit verstanden. ‚Hervorbringung‘ gilt nun der Organisation der Freiheit einer Gesellschaft im ‚Zeitalter der Vernunft‘.

Ingenium ist das Vermögen, Weitauseinanderliegendes zu vereinigen. Im Körperlich-Räumlichen betrifft es die Natur, die von ihm zu ‚Experiment‘ oder ‚Maschine‘ synthetisiert wird. Im Zeitlichen aber bietet die Geschichte den Stoff des Weitauseinanderliegenden, so daß das in ihr tätige Ingenium - und nicht Schicksal oder göttliche Allmacht - das entfernte Frühe mit der nahen Gegenwart zusammenbringen kann zugunsten einer neuerlichen Konstitution der Gesellschaft.

# I. Das Ingenium

1.- Vicos Klage über die kartesische Erkenntnislehre betrifft deren Versteifung auf Wahrheit, die allem Wahrheitsähnlichen, dem in Geschichte und Erfahrung sinnlich Wahrgenommenen und im Allgemeinsinn (sensus communis) Sedimentierten jede objektive Gültigkeit absprechen will. Der von solchem Wahrheitsanspruch erzeugte Bruch zum Umliegenden, dem Wahrheitsähnlichen, läßt sich nur durch Spekulation überbrücken, deren Triebkraft sich ans Ausgeschlossene bindet und es - selber nur noch abstrakt, triebhaft wirkend - in die Realität zurückbringt.

Der sensus communis, der Fundus des Ausgeschlossenen, versteift sich nicht auf seine Wahrheit als Tradition, sondern animiert zur Spekulation, mit deren Hilfe er das Tradierte zum Mittel seiner Verwandlungen macht und jeden seiner Schritte als einen der Durcharbeitung seiner selbst kennzeichnet.

Dem Wahrheitsähnlichen ist Phantasie Erinnerung.

In der Klage über die Spaltung von Wahrheit und Wahrheitsähnlichem, im Verlaufe derer die Phantasie entweder versiegen oder in exzessiver Synthese sich dem sensus communis und der in seinem Interesse stehenden Natur aufzwingen wird, wendet sich Vico an die Jugend seiner Zeit, deren noch ungebrochene Phantasie er mit der Vergewisserung ihrer Objektivität in den „Künsten" bewahren möchte: „Auch dürfen die ingenia für die Künste, die ihre Kraft aus der Phantasie, dem Gedächtnis oder beiden zusammen schöpfen, wie Malerei, Dichtkunst, Redekunst, Jurisprudenz, ja nicht unempfänglich gemacht werden." (Wesen und Weg der geistigen Bildung, S. 23)[1].

So mehr aber die Verkörperung der ingenia in den Künsten erscheint, so dringlicher muß Vico die ingenia selbst thematisieren, nunmehr singularisch als „ingenium".

Anstatt die Komplexität des so versammelten Begriffs darzulegen in einer Auflistung von Fällen seines Gebrauchs - und den ‚Fällen' keine Chance der Realitätskonstitution und des Widerstands gegen die Bestimmungen einräumen zu können - anstatt die Einheit in der Vollständigkeit aufzusuchen, klären wir, um das Verständnis des Wahrheitsähnlichen gleich zum Zuge kommen zu lassen, den Begriff des Ingeniums lieber an der Einheit der Anschauung in seinem Bilde, dessen Beschreibung Interpretation sein wird, also durchaus wieder Begriffliches, doch nun initiiert von der Anschauung.

Wie das Wahrheitsähnliche gesellschaftlich Verbindliches verbindend erinnert, wie Spekulation ein Vergangenes referiert und darüber real wird, wie sinnliche Wahrnehmung nicht die eines Vorgestellten (propositum), sondern zu Erinnernden (memorandum), kein vom Begriff zu überwindender Anfang, sondern erinnernde Anschauung des Begriffs ist, darin transzendierend den, der ohne sie irre ginge, zeigen die ‚Immagini' des Cesare Ripa.

Nach Ripas Absicht sollen die Dinge, die er um die menschliche Zentralfigur versammelt, in dem ihnen jeweils zugehörigen Gebiet der Natur diejenige Stellung einnehmen, die sie als Attribut des Begriffs dem

---

[1] Sämtliche lateinischen und italienischen Originaltexte sind am Ende des Buches aufgereiht in der Folge der Seitenziffern, unter denen ihre deutschen Übersetzungen im Text erscheinen.

Menschen überantworten. Ob die Vereinigung der Attributen mit dem menschlichen Subjekt als ihrem Medium gelingt, darüber vergewissert das Bild (immagine) den Begriff.[2]

Nicht immer so deutlich wie in der Darstellung des ‚Ingegno' gelingt es Ripa, den Begriff zugleich auf seinen realen Ursprung zurückzuführen; mit ihm sind wir in die Welt der Jäger verwiesen: „Ingenium ist diejenige Kraft des Geistes, die als Natur den Menschen für diejenigen Wissenschaften fertig und fähig macht, auf die er Wert legt und die sie ausführt".

Der zugehörige Holzschnitt zeigt einen jungen, kräftigen Mann in aufrechter Haltung, sich ein wenig vom Betrachter abwendend und seitwärts sein Ziel ausmachend mit „wilden" und „feurigen" Augen. Der Bogen in seiner Linken und der auf die Sehne gelegte und schon angespannte, von der Rechten gehaltene Pfeil ruhen noch in Hüfthöhe, weisen aber schon in die Richtung des Blickes, „gerade im Akt des Zielens begriffen mit höchster Aufmerksamkeit". Nur ein Lendentuch bedeckt seinen Körper. Am Rücken trägt er „vielfarbige" Flügel, die jetzt ausgebreitet sind. Auf dem Kopf trägt er einen Helm, auf dem zum Schmuck ein Adler in brütender Haltung, dennoch mit ausgebreiteten Schwingen sitzt.

---

[2] Mit seinem Beharren auf Repräsentation mindestens eines Requisites zur menschlichen Figur steht Ripa in einem gewissen Gegensatz zu Entwicklungen der Bildhauerei der Renaissance, die erweisen, wie im Ideal einer Beschränkung auf die Gebärde das vom Humanum Verschiedene 'vergeht. So real dieses Verschiedene - Requisiten des Themas, Abgesandte aus der Welt der Dinge -, zwingt es doch zu seiner Verinnerlichung in die menschliche Gestalt, aus der heraus es als Verdrängtes – spiritualisiert - die Triebkraft abgibt zum Triumph des Gebarens über das, dem es gegolten hatte. Michelangelos David hat den Kopf des Goliath verinnerlicht, worüber David selbst zum bedrohlichen Riesen geworden ist.

Ripa gibt folgende Erklärung zu dieser Anordnung: „Man stellt ihn jung dar, um zu zeigen, daß die intellektive Kraft niemals altert. Man vergegenwärtigt ihn sich mit einem behelmten Kopf und einem feurigen und wilden Blick, um seinen Mut und seine Kraft zu zeigen. Der Adler auf dem Helm bedeutet seine Großzügigkeit und Feinheit, da doch Pindar die Menschen von hohem Ingenium mit diesem Vogel vergleicht, der ja den schärfsten Blick hat und der weit höher als alle anderen beflügelten Tiere fliegt. Man malt ihn nackt und mit verschiedenfarbigen Flügeln, um seine Schnelligkeit und Promptheit der Überlegungen (discorso) und die Verschiedenheit und große Anzahl seiner Entdeckungen anzuzeigen. Der Bogen und der angezogene Pfeil zeigen die Kraft zur Nachforschung und ihre Schärfe". Geschildert ist ein angespannter Augenblick, kurz bevor der Jäger seinen Pfeil losschnellen läßt und mit derjenigen Treffsicherheit seine Beute erlegen wird, die seine ‚Invenzioni', die vielfarbigen, als Trophäen aufgereihten Federn seiner Flügel versichern; denn, jene zu zeigen, sind sie ausgebreitet, nicht wohl, um den Jäger schneller seiner Beute habhaft werden zu lassen, nachdem sie doch bereits vom Pfeil getroffen ist. Warum aber ordnen die ‚Invenzioni' sich in Federn zu Flügeln? Die Fähigkeit des Adlers zur Scharfsicht und Großartigkeit der Höhe seines Fluges verbürgt dem Ingenium ja bereits der Helmschmuck; und die Schnelligkeit im Erlegen der Beute beruht auf dem Geschick im Umgang mit dem Bogen. Aber nicht ihm allein verdankt der Jäger seinen Erfolg: Die gesenkte Haltung des Bogens gestattet keinen Eingang des Körpers in seine gespannte Biegung; er bleibt dem Körper äußerlich als Werkzeug, dessen Handhabung einer Kunst (ars) bedarf, die gelenkt wird von der Fähigkeit (facultas) des Sehens, der Wildheit des Blickes, in den sich die Wildheit des Körpers versammelt. ‚Ingegno' soll nach

Ripas Worten eine Geisteskraft sein, die dem Menschen „per natura" angehöre. Angewachsen sind dem Jäger die Flügel, weshalb am meisten sie seiner Natur eignen dürften. Zusammen mit der Nacktheit sollen die verschiedenfarbigen Flügel seine „Schnelligkeit und Promptheit in seinen Überlegungen und die reiche Anzahl seiner Erfindungen" bedeuten.

Wollte man in dieser Aufzählung eine Reihenfolge erblicken, so müßten es die Flügel sein, die, hinausgehend über eine zum Flug nötige Vielheit, die ‚Schnelligkeit' darstellten. Die Schnelligkeit erscheint im Flügel als angewachsen, also natürlich, sie ist ihm als Vermögen zugewachsen und nun wesentlicher für das Tun des Ingeniums als die Schnelligkeit des Pfeiles, die sie denn auch zu antizipieren scheint.

In Ripas Holzschnitt ist die Spitze des Pfeiles sehr deutlich ausgeprägt. Der Winkel ihrer Schneiden zeigt sich dem Betrachter in ganzer Breite, und ihre Schärfe dürfte sich mit dem Gewicht des Eisens zu der Wucht vereinen, mit der der Pfeil in sein Opfer eindringen würde.

Den Begriff der Schärfe „argutum" findet Vico bei den Latinern von gleicher Herkunft wie „argumen" oder „argumentum", worin er die Stellung eines Mittelbegriffes (terminus medius der Scholastiker) besessen habe; diesen mit „argutum" vereinigend, schließt Vico: „Arguti oder ‚geschärft' sind jene, die zwischen weitauseinanderliegenden und sehr verschiedenen Sachverhalten irgendeinen Ähnlichkeitsbezug entdecken, in dem diese Sachverhalte miteinander verwandt sind; über das vor den Füßen Liegende hinaus spüren sie aus unerwarteten Blickwinkeln angemessene Bezüge auf, unter denen sie Dinge vergleichen. Eben dies ist das Kennzeichen des Ingeniums und kann ‚Scharfsichtigkeit' (acumen) genannt werden. Daraus erhellt sich, daß es zur Kunst des

Findens des Ingeniums bedarf, da - ganz allgemein gesprochen - das Finden von Neuem die Methode und das angestrebte Ziel allein des Ingeniums ist." (Metaphysicus, S. 135). Ging es in dieser Passage weniger um den Pfeil als seine Schärfe, die das Ingenium auszeichnet, so erscheint das Bild der Pfeilspitz an anderer Stelle unmittelbar, als Winkel: „Das Ingenium ist das Vermögen, Getrenntes und Verschiedenes zu einer Einheit zu verbinden. Die Latiner nannten es ‚scharf' (acutum) oder ‚stumpf', beides im Hinblick auf die Grundprobleme der Geometrie: Der spitze Winkel nämlich hat größere Stoßkraft (celerius penetrat) und vereint das Verschiedene, zu einer engeren Beziehung. Ein Beispiel dafür liefern zwei Linien, die sich in einem Punkt treffen und in einem Winkel zueinander stehen, der weniger als 90 Grad beträgt. Der stumpfe Winkel hingegen tritt langsamer in die getrennte Fläche ein und rückt sie in große Distanz zum Winkellot; man sieht das an zwei Linien, die sich in einem Schnittpunkt vereinen, wobei der Winkel, in dem sie zueinander stehen, größer ist als 90 Grad. So sei das stumpfe Ingenium jenes, welches das Verschiedene später zu einer Einheit bringt, das scharfe Ingenium jenes, das das Verschiedene schneller eint" (Metaphysicus, S. 135). Sogleich drängt sich die Frage auf, wie denn ein Winkel oder Pfeil Verschiedenes einigen können soll. Eher scheint diese Fähigkeit doch einem Trichter zu eignen, der sich um so rascher füllte als er in eine Flüssigkeit eintauchte oder einem Winkel, der nicht mit der Spitze, sondern seiner Öffnung in die „res" eindränge und sie irgendwie komprimierte!

Um herauszufinden, wie das Eindringen ein Vereinigen sein kann, bedarf es einer näheren Betrachtung dessen, worin eingedrungen wird, des „dissita, diversa". Schwankend ist seine Bedeutung als Vorgefundenes oder als durch das Eindringen erst Zustandegebrachtes. Das Adjektiv ‚diversus' bezeichnet nicht sogleich ein ‚dissitus', Zerstreutes, so, als ob ‚verschiedene Dinge' ‚voneinander Entferntes' bedeuten müßte, sondern zuerst etwas, das ein Geschehen innerhalb eines einzelnen Dinges sein könnte: „Nach verschiedenen oder entgegengesetzten Richtungen gekehrt"[3]. Solche Umkehrung macht Vico zum Prinzip der menschlichen Natur.

In der Einleitung zu seinem „Liber metaphysicus" teilt er Anlaß und Leitmotiv seines Werkes mit; Nach einem Abendessen bei seinem Freund Paolo Mattia Doria, dem er später sein Buch widmet, habe er einen Vortrag gehalten, „..., in welchem ich - ausgehend von eben den Ursprüngen der lateinischen Sprache - die Natur als Bewegung auffaßte, und zwar als eine Bewegung, durch die aufgrund der Krafteinwirkung eines Keils (vis cunei) alle Dinge in eine zentripetale Bewegungsrichtung getrieben und durch eine andere entgegengesetzte Kraft in eine zentrifugale Bewegungsrichtung gedrängt werden, und ich erklärte, daß alle Dinge durch eine Art Systole und Diastole erzeugt werden und zugrunde gehen ..." (Metaphysicus, S. 31). Daraufhin sei er von seinen Zuhörern aufgefordert worden, diese Angelegenheit doch einmal gründlich anzugehen.

Im Bild der vis cunei gibt er die vielleicht gewaltsamste Deutung eines Eindringens. Der Keil reißt nicht nur die um das Kraftzentrum des Dinges sich bewegenden Teile in dieses hinein, sondern mobilisiert zugleich die Gegenwehr dieses Zentrums, das die ihm näher gelegenen Teile in seine Peripherie katapultiert. Den Widerspruch dieses Bildes zu dem der Systole und Diastole zunächst beiseite lassend - die nicht auf den

---

[3] „Der kleine Stowasser", München 1966, s. „diversus"

äußeren Einfluß eines Eindringenden schließen lassen und statt des Aktes eher einen Zustand in der Art des Blutkreislaufes meinen - kann man jetzt die Wirkung des Eindringenden, sei es des Winkels, des Pfeiles oder Keils als die Umwälzung eines Innen nach außen und eines Außen nach innen fassen. So sehr diese ‚Revolution‘ diversifiziert, so weit hält sie fest am Verständnis von Einheit, die durch sie nur mehr eine andere geworden ist.

Das Ähnliche liegt weit auseinander, weil es an der Oberfläche durch seine Ferne vom Kraftzentrum, kraftlos zur Vereinigung, ausharren muß und der geringen Dichte wegen den Raum zum Verwandten hin nicht überbrücken kann. Um so schärfer und spitzwinkeliger das Eindringende geformt ist, um so tiefer dringt es zum Kraftzentrum vor und um so enger verbindet es das Ähnliche zur Einheit, worüber das nach außen Gesprengte als Verschiedenes zum sinnlich Wahrzunehmenden wird. So ist das Wahrgenommene ein aus dem verborgenen Zentrum Hervorgebrachtes, Hervorgeholtes: Die Inventio.

Um so weiter das Ähnliche auseinander liegt, um so mehr Kraft des Ingeniums ist nötig, es aufzuspüren. Jetzt aber ist es nicht die Kraft des sich Verengens, sondern - in Umkehrung des als Keil wirksamen Winkels - die des sich Ausbreitens des Sehwinkels und die des Überbrückens zum Ähnlichen hin. Wohl spricht Vico davon, das Ingenium solle das vor den Füßen Liegende überschreiten können, gerade dieses aber ist das Eine Ähnliche, der Eine Angelpunkt, mit dem ein Entferntes im Sehwinkel vereinigt werden soll. Vico wird sich selbst für einen zunehmend ingeniöseren Forscher gehalten haben, als er mit der Folge seiner Werke stets Entfernteres aufspürte. So verbindet er in „De nostri temporis studiorum ratione" die zeitgenössische Philosophie mit der griechisch-römischen, im „Metaphysicus“ mit der ägyptisch-etruskischen Weisheit, in der „Scienza Nuova" mit jeglicher Überlieferung. Dem Blick gilt seine Beschränkung auf das Äußerliche für die Bedingung seiner Breite; in die Ferne aber dringt er v o r , indem er sich zum Keil umkehrt und das zunächst Äußerliche, breit Lagernde, durchstößt und als Äußeres des zur Einheit gebrachten Ähnlichen hervorbringt. [4]

2. Das Ingenium vermöchte in der Natur, diese in gewissen Stücken zur Einheit bringend, nicht einzudringen, bestünde es nicht selbst in einem zu diesem Zweck ‚zur Einheit Gebrachten', - wie die auf einen Punkt zugerichteten Klingen des Pfeiles.

Im Ingenium bündeln sich Geist und Empfindung zu ‚Seele' („mens" und „sensus" zum „animus"). Am deutlichsten ist es dieser letzte Begriff animus, der als männlich-geistige Instanz den Bruch enthält zur weiblichen anima und den ihr überlassen gebliebenen affectationes. Über diesem Bruch erheben Topik und Rhetorik ihr Recht der Vermittlung. Entsprechend besteht die Kunst, die Pfeilspitze zu schmieden, im Vereinigen sämtlicher Wahrnehmungs- und Erkenntnisvermögen in den Begriff des animus. Die folgende Darlegung dieser Kunst als eine Metaphysik der Seele erweist sich allerdings als recht schwierig.

Den Begriff der mens charakterisieren zwei sich durchkreuzende Bemühungen Vicos, sie zu abstrahieren und zu konkretisieren. Die mens - steht sie für Vico doch zu sehr auf Seiten der kartesischen Rationalität - wird aus der realen Welt hinauskomplimentiert und zur grauen Eminenz der Metaphysik verklärt. Wohl dient sie der

---

[4] Breite und Ferne sind erst mit der „Scienza Nuova", in der Entfaltung des Begriffs einer Geschichte der Menschheit, zusammengebracht. Vicos frühere Werke beschränken sich auf die Ausdehnung der Ferne, deren leerer Zwischenraum eher die Rede von einer ‚Überbrückung' zum Entfernten hin als die einer ‚Durchdringung' (‚ penetratio') zuläßt.

Gotteserkenntnis, Zweifel an ihrer Reichweite sind jedoch angebracht, wenn Vico sie näher erläutert. Seine erste Inauguralrede ist ein leidenschaftlicher Appell an die Jugend, gegen alle Minderwertigkeitsgefühle sich selbst und darin die Herrlichkeit ihrer Vermögen zu erkennen. Von Cicero nimmt er die Deutung des „Erkenne dich selbst" als „Erkenne deine Seele" (und nicht, so müssen wir sagen: deine mens[5]), worüber der Vortrag zu einer Verherrlichung des animus gerät - mit allen Tugenden des Ingeniums. Obwohl auch diese entsprechenden Vermögen des animus gelegentlich als „göttliche Kraft des menschlichen Geistes" (vis divina mentis humanae [6]) angesprochen werden, erbringt das Problem der Selbsterkenntnis doch eine deutliche Entgegensetzung von gottgegebener mens und menschlichem animus: „Aber die alles durchdringende ‚mens' verdunkelt sich, wenn sie sich selbst betrachtet. Deshalb erkenne die Göttlichkeit deines ‚animus' und begreife, daß er ein Ebenbild Gottes ist" (Op.filosofiche, S. 711). Hingegen wird im späteren ‚Metaphysicus' (S. 44) die Selbsterkenntnis schlicht für unmöglich erklärt, bzw. sie wird der mens verboten zugunsten des animus: „Denn während der Geist (mens) sich erkennt, ist er nicht tätig, und weil er nicht tätig ist, kennt er auch nicht die Art und Modalität, in der er sich erkennt". Die still gestellte, verdinglichte mens ist nicht sich selbst, weil sie ihre Bedingungen nicht erkennen kann; diese aber sind göttlicher Natur: „In mir aber denkt Gott; in Gott also erkenne ich meinen eigenen Geist" (meam ipsius mentem, Metaphysicus, S. 117).

Sobald die mens absieht von ihrer Herkunft, zu deren Ansehung sie geschaffen ist, gibt sie sich selbst preis. Durch und durch gottgeschaffen (factum dei), fragt sich,

---

[5] G.V. Opere filosofiche, Ed. Sansoni 1971. S.709
[6] ebd.S.713

worin das Tun (facere) der mens wohl bestehen könne, außer in einer Gotteserkenntnis (cognitio dei), von der somit das Ingenium als lediglich gottahnliche Natur des Menschen entlastet wäre. Angesichts des vom Ingenium entlehnten Anspruchs auf die Identität von Wahrem (verum) und Gemachtem (factum) versagt denn auch die mens.[7]

Die Zurichtung der mens auf das Ingenium beläßt ihr nicht weiter ein äußeres Verhältnis zum animus, sei es als sich der realen Welt entziehende Gotteserkenntnis, sei es als Selbsterkenntnis, deren Anstrengung sie wider willen von sich weg zum animus geführt hatte. Vico verschränkt beide zu einem ‚generischen' Verhältnis, zur mens animi. Dieser ‚altitalische' Begriff wird von ihm in zwei verschiedenen Kapiteln des „Metaphysicus" abgehandelt, in „De animi sede" (I08 ff) und „De mente" (114ff) und

---

[7] Nicht der mens selbst, wohl aber ihrem Tun aberkennt Vico die Vollkommenheit; ‚Cogitare' ist nicht ‚Intellegere', weil die mens humana in sich selbst nicht die Elemente der Dinge „... ‚zusammenliest' (legit), weil sie sie nicht enthält und anordnet", Metaphysicus, S. 37. Auf diese Einschränkung der ‚Cognitio' antworten Vicos Kritiker mit der Einschränkung des ‚Intellegere' auf „die dem Menschen eigene Erkenntnisweise, nicht aber die, die Gott zukommt",(Metaphysicus, seconda risposta , S. 222), die Vico auf das Mißverständnis des Präfix zurückführt, dessen Herkunft er nicht in ‚intus leggere' (innerlich sammeln) sieht, das bedeutete: gänzlich erkennen (interamente raccogliere), sondern: „Das Wort ‚intellegere' kommt vielmehr von interlego, abgeschwächt zu ‚intellego', wobei die Präposition ‚inter' nicht im Sinne eines bloßen Zwischengliedes aufzunehmen ist, was der Fall ist, wenn man vom ‚Auswählen der besseren zwischen den vielen oder wahren Dingen' spricht; die Präposition ‚inter' ist vielmehr im Sinne einer Steigerung und vollendeten Ausführung zu nehmen ... ". Gotteserkenntnis verbürgt, selbst mit dem eingeschränkten wahrheitsbegriff keine wahre Erkenntnis der res extensa, da sie Ideen von Dingen enthält, „die im Vergleich zu Gott selber nicht aus der Wahrheit herzukommen scheinen" (Metaphysicus, S. 1-16}. Diese Scheinhaftigkeit darf der mens nur als Privation gelten, dem Ingenum aber als Postulat.

findet dort jeweils eine andere Interpretation. ‚Mens animi' weist einmal, unter dem Gesichtspunkt der Einheit nach oben und bezeichnet dann die göttliche Einheit von Trieb und Geist, das andere Mal, unter dem Gesichtspunkt der Vielheit, weist sie nach unten, als der Grund für die Verschiedenheit der Menschen.

In „De mente" erklärt Vico, mens sei bei den Lateinern ein den Menschen Gottgegebenes (a diis dari) oder „immiti", dem entspreche ihre Auffassung, „daß die Ideen im animus der Menschen von Gott erschaffen und hervorgerufen (creari excitarique) würden". Über der Einverleibung der mens in den animus säkularisiert sie sich zu: Ideen; zugleich wird der animus vergöttlicht: „Deshalb führen sie (die Latiner) den Freiheitsanspruch des Geistes und die Verfügungsgewalt über seine Akte auf Gott zurück, wie ja auch die Lust oder das Begehrungsvermögen gleichsam eines jeden Gottes genannt werden kann (sit suus cuique Deus)". Legt man in diesem letzten Sätzchen die Betonung auf Deus, so zeigt diese Passage, daß die Triebnatur des animus ihre Form in einem göttlichen freien Recht und Willen hat, der identisch ist mit den göttlichen Ideen, als die die mens der Seele anheimgegeben ist. Das Sätzchen ‚sit suus cuique Deus', betont auf den mittleren Worten, so, daß der Akzent auf der Vielheit der Begehrungsvermögen liegt, der entsprechend auch der Gott sich aufzuteilen hat, zeigt die mens animi als principium individuationis. Im Kapitel „De animi sede" heißt es: „Sie glaubten auch, die mens sei abhängig vom animus, weil jeder so denkt, wie er geistig verfaßt ist (animatus ita cogitat). Die Menschen empfinden nämlich aufgrund ihrer verschiedenen Erfahrungen über gleiche Dinge jeweils anders". Wie die Seele die mens bedingt, so liegt es an ihr, wie weit sie, der Trieb, zur Deckung kommt mit der mens. Ausgestattet mit solchem Gewicht, trägt die Seele auch die Verantwortung für die Möglichkeit geistiger

Verdunklung. Die Seele entwickelt sich nämlich durch eigene, doch von ihr abweichende, weil Verkörperung außerhalb einer gesellschaftlichen Vermittlung suchende Affekte, die mitunter zu einer schlecht individuellen Prägung als Spleen, Wahnsinn oder Vorurteil führen. Die Seele ist dann aber stark genug, von selber und vor allem ohne die Mithilfe der mens zu eigener Ballance zurückzugelangen. Bei diesem Unternehmen der Seele, sich selbst bzw. ihre abirrenden Affekte einzuholen, erledigt sie die Fehlleistungen der mens, die Vorurteile, gleich mit: „Ich würde sagen: als Vorsichtsmaßregel für die Wahrheitssuche gilt, sich eher von den Affekten zu befreien, als von den Vorurteilen. Die Vorurteile löscht man nämlich niemals aus, solange man noch Affekte hegt. Ist jedoch die Leidenschaft erloschen, so wird von den Dingen die Maske abgezogen, die wir ihnen übergestreift haben, und darunter kommen die Dinge selber zum Vorschein" (Metaphysicus, S. 111).

Wie im Begriff der mens animi die mens aufgeht im animus, so, gleichsam von der anderen Seite her der sensus. Gemäß der ‚altlatinischen‘ Weisheit: „Animi sensus" (Metaphysicus, S. 122) erzielt der ‚Sinn‘ den quasimentalen Umfang der Seele; denn den Latinern habe sensus nicht nur als äußerer, sondern auch innerer Sinn gegolten, der darum nicht nur Schmerz, Wollust und Beschwernis umfasse, sondern, wie es die Ähnlichkeit von sensus und sententia zeige, auch Urteilen, Überlegen und Wünschen. Das „Iudicium" (Urteil), eine der vornehmsten Instanzen der Rationalität, wird von Vico im Begriff des animi sensus verwiesen auf seine Herkunft aus der Triebstruktur. Diesen sinnlichen Ursprung darf das ludicium nicht verdrängen und verleugnen, indem es etwa kartesisch die mens als Instanz seiner Herkunft und Zugehörigkeit deklarierte.

Diejenige Kunst nun, die die Kunst des Schmiedens der Pfeilspitze - des Vereinigens von mens und sensus - mit der Kunst des Bogenschießens - der Vereinigung des Ähnlichen in einer umwälzenden penetratio zur Hervorbringung einer Wahrnehmung - als auch mit dem Bogenschießen selbst - im actus darum ebensoviel ars, und nicht mehr ars, sondern facultas oder Natur - vereinigt zu ihrem Einen Gegenstand, dem animus, ist die Rhetorik: „Die Redekunst hat ausschließlich mit dem animus zu tun" (und nicht mit der mens). (De nostri temporis, S. 66).

Die Rhetorik leitet den animus an, seine Triebnatur, darin sich selbst, zu verkörpern als Substruktion der Gesellschaft, zugleich diese als in ihm Verkörpertes – wahrzunehmen. Klugheit (Prudentia) bezeichnet dann deren Gelingen. Sie ist nur so viel, als sie sich im Umgang mit Menschen zeigt und, sich als Wirkung in diesen hervorbringend, Gesellschaft konstituiert, so viel wie sie sich selbst als gesellschaftlich Konstituiertes begreift.

Die Gesellschaftslehre, zu der Vico die Rhetorik macht, bietet den einzigen Ort, an dem der Verum-Factum-Satz sinnvoll ist. Nur hier - im Falle des Verum Humanum, nicht in dem der kartesischen klaren und distinkten Erkenntnis - läßt sich vom ‚Erzeugen des Gegenstandes' sprechen; denn die kartesische Methode betrifft zuerst die Naturdinge, die sich nicht erzeugen lassen, sondern bestenfalls Erkenntnisse und Vorstellungen zulassen. Anders, wenn die Methode zuerst die Gesellschaft betrifft; dann werden die ‚Elemente' des Verum Humanum - Worte und der in ihnen transportierte sensus communis - in der Tat ‚disponiert'. Und solche Disposition erzeugt, produziert den ‚Gegenstand' Gesellschaft.

3.- Im Konstitutionsverhältnis der Gesellschaft konfigurieren Redner und Publikum. Dem Publikum., „vulgus", eignet eine gewisse Roheit des Gemüts, die sich jedoch als Reinheit erweist, sobald man darauf achtet, daß sie ja die dem Leben eigentümliche Verirrung des animus und dessen Konflikt mit sich selbst, den er in zuweilen rohen Affekten entäußert, durchscheinen läßt: „Die Menge aber und das gemeine Volk wird durch das Begehren (appetitus) gepackt und hingerissen; das Begehren aber ist wild und stürmisch", heißt es in „De nostri temporis" (S. 66). Der „Metaphysicus" hingegen muß sich schon ausdrücklicher gegen den Versuch wenden, das ‚krummlinige' mittels der geometrischen Methode in ein ‚gerades' Leben formen zu wollen: „Man würde in menschlichen Angelegenheiten gleichsam auf geradem Weg voranschreiten wollen, so als wären die Umschweife des Lebens nicht immer beherrscht durch ungezügelte Begierde, (libido), Waghalsigkeit, Zufälligkeit und Schicksal" (S. 131). Untrennbar sind die Verstrickungen des Lebens von denen des animus. Zwar ist das Leben eine Verkörperung der Seele, in seiner Verstricktheit aber zugleich die Verkörperung der Unmöglichkeit, daß die Seele in ihm aufgehe. Dem Rest der als appetitus unerfüllten libido [8], die im Werk Vicos noch bloß einen Teil der Seelentätigkeit darstellt, wird nun nicht vergönnt, als abstrakter Trieb den Grund aller Bewegtheit der Seele oder des Lebens zu legen; auch er, der Rest, verlangt nach Verkörperung, nicht in Bewegtheit, sondern in Körpern, jedoch solchen die einer anderen Gegenstandswelt zugehören als der des appetitus, indem sie die von diesem - der sich darin mit der mens liiert - den Dingen oktroyierten Grenzen

---

[8] Nach Stowasser s. „appetzentia", stehen libido und appetitus in einem Wirkungsverhältnis: Libido effecit appetentiam".

überschreiten im Rekurs auf den Ausgangspunkt, die res humana, um res humanae zu werden.

An Cicero rühmt Vico, seine Redeweise sei „konfus, unbegründet und verworren" (confusus, inconditus, perturbatus; Metaphysicus, S. 130). Kaum scheint der Rhetor verschieden vom Publikum: Verworrenheit hier wie dort. Beim Redner aber hat sie eine Stellung, die es gestattet, sie nicht als ohnmächtigen Affekt, sondern als eine Absicht zu kennzeichnen. Sie ist Mimesis. Das heißt zuerst: Übernahme der Miene des Anderen. Cesare Ripa betont, daß dem Körper des Ingegno in Haltung und Anatomie Wildheit beigegeben sei. Der Jäger verähnlicht sich darin seinem Opfer; so wenig das Tier eine Miene hat, so sehr verkörpert der Jäger in der seinen dessen Seele. Indem er das Innere des Tieres nach außen gekehrt hat, scheint die penetratio bereits geschehen und die Beute angeeignet. Der bannende Blick ist aber nicht der, der durchbohrt, sondern der, der das Erstarren des Tieres von diesem erwartet, um es erlegen zu können.

So weit der Unterschied von Mimesis und Identität reicht, gilt dem Jäger der Pfeil mehr als der Blick, wie dem Redner mehr die Worte als die Miene; denn mit dieser verrichtet er real sein Werk der umwälzenden Erzeugung im Zuhörer.

# II.
## Die Geschichtsmächtigkeit der ‚Etymologie'

1.- ‚Die Flügel' des Ingeniums hatte Cesare Ripa erklärt mit dessen „Schnelligkeit und Promptheit der Überlegungen und der Verschiedenheit und Anzahl der Erfindungen". Dann bedeuten die einzelnen Federn die vergangenen Erfindungen; sie sind Trophäen, die im Teil des Erlegten das Erlegen erinnern, deren Anzahl dem Jäger als Schubkraft zuwächst für neuerliches Erlegen.

Bevor nun von der Anordnung der Federn zu Flügeln die Rede ist, wollen wir den Federn zunächst die Bedeutungen von ‚Vielheit' und ‚Vergangenheit' ablesen. ‚Das Viele rasch durcheilen und in ihm das Ähnliche aufspüren zu können' galt bereits als Leistung des Ingeniums. In Ripas Darstellung steht das Viele nicht vor, sondern hinter dem Jäger; sein Blick konzentriert sich auf ein Einzelnes, das er schon aufgespürt hat: Gezeigt ist der Augenblick des Findens, nicht der des Durcheilens des Vielen, des Suchens. Von der für das Finden erforderlichen Verdichtung - in Blick und Pfeilspitze – haben wir bereits gesprochen. Das Suchen scheint das Gegenteil, ein Ausbreiten, zu erfordern, - wie es die Öffnung der Flügel zeigt. Ihre Stellung als Trophäen und ihre ‚Aufstellung' im Rücken des Ingegno markieren die Federn als ein Vieles, Ähnliches, Vergangenes, das sich in der Gestalt der Flügel zur

Einheit fügt. Diese Ähnlichkeit des Vielen erübrigt eigentlich das Suchen nach Ähnlichem, das Finden gelingt ohne Suchen vielmehr demjenigen, der ‚hinter sich‘ die Vergangenheit als das Viele Ähnliche weiß. Die Gewißheit wächst dem Ingenium zu als Schubkraft, weil sein Blick nun frei von aller Fixierung auf Trophäen sich abwenden kann zugunsten seiner Jagd. Wie die Doppelung der Flügel eingeht in die Pfeilspitze, so überträgt sie die Leichtigkeit des Fluges auf den Pfeil.

Fürs Erste sollen jetzt die Federn die in der Vergangenheit ‚erfundenen‘ Worte darstellen, deren Vielheit sich ordnet zur Einheit des sensus communis, den ‚hinter sich‘ zu wissen dem Ingenium die Leichtigkeit verschafft, deren es bedarf, um das Werk der Erneuerung der Gesellschaft durch die Wiederverkörperung der irrenden Affekte zu verrichten.
Vicos Suche nach der Vergangenheit der Worte führt ihn zur ‚heidnischen‘ Überlieferung, die er mit einigem Geschick seinen christlichen Zeitgenossen näherzubringen weiß.
Die heidnischen Philosophen hätten an einen Gott geglaubt, der kontinuierlich nach außen (ad extra) wirke (operare), während die christliche Religion einen Gott annehme, der die Welt in der Zeit aus dem Nichts geschaffen habe. Dieser Unterschied veranlaßt Vico zu einer anderen Bewertung des ‚Verum-factum-Satzes‘ dahingehend, „daß das erschaffene Wahre mit dem Gemachten, das unerschaffene Wahre mit dem Gezeugten übereinstimme" (quod verum creatum convertatur cum facto, verum increatum cum genito; Metaphysicus, S. 36). Das verum increatum, das voraussetzungslos aus dem Nichts Geschaffene, genießt wohl die größere Dignität gegenüber dem creatum, steht aber außerhalb eines erkennbaren Verum Humanum, in dem es dennoch als ‚genitum‘ im Ingenium sich

einverleibt hat. Weiter, der christliche Glaube habe die heidnischen Götter lediglich ihrer Falschheit als Götter überführt, nicht aber als menschliche Wahrheiten – als die sie für den reifen Vico der „Scienza Nuova" die menschliche Geschichte einleitend überliefern.

Die heidnischen Götter dürften ohne Scheu als vom Verum Humanum ingeniös geschaffene ‚vera creata' gelten. Die Säkularisierung, wie auch die durch sie als Werk der Dichtung entlarvte Konstituierung der Götterwelt, verdankt sich der Leistung des Ingeniums, das jeder Beute einen Gott zugesellt, den es ihr wieder entreißt, sobald es aus seiner Bedingung der das Selbstbewußtsein verhindernden, aber für die Sicht des auseinanderliegenden Ähnlichen notwendigen Gleichzeitigkeit heraustritt.

Das vergöttlichende, wortschöpfende Ingenium setzt zur Ähnlichkeit auseinander, verähnlicht, wie es identifiziert. Die Gleichzeitigkeit von Ähnlichem und seiner Identifikation gestattet dem Ingenium keine Stellung in einem Früher und Später, Ursache und Wirkung, so daß es sich nicht selbst als funktionale Bedingung der von ihm zustande gebrachten Einheit begreifen kann. Im Gleichzeitigen ist kein Selbstbewußtsein möglich. Woher die Ungleichzeitigkeit auch immer stamme, jedenfalls ist sie es, die den Grund des Selbstbewußtseins legt, das das Ingenium ebenso sehr betreibt, wie es zur Tätigkeit im Gleichzeitigen zurückfinden will. Die mit dem Selbstbewußtsein sich vermittelnde Säkularisierung, die Position der Götter ins Humanum, zeigen das Ingenium im Akt und ausgestattet mit der Macht zur Wiedergewinnung der von ihm selbst Vergöttlichten. Das Ingenium demonstriert an seinem bedeutendsten Gegenstand, der es selbst wird, dem Humanum die Macht der Divination und Säkularisation als Macht zur Ungleichzeitigkeit, die es schließlich dem Geist, der mens, zwecks Reflexion überträgt. So sehr das Ingenium die Verinnerlichung der Götter betreibt, so sehr muß es deren Gestalten draußen festhalten, die es in der Aneignung von deren verursachender Kraft zur Maske entleert hat. Göttername wird das, was er stets zuvor war, poetische Metapher; körperliches, bilderreiches Sprechen als Ausdrucksweise des Ingeniums spielt dann die Rolle der Erinnerung an die Entseelten, deren Wiederverkörperung durchs Humanum noch aussteht. Wohl ist die Kraft abgezogen von ihnen und verinnerlicht, verharrt jedoch gestaltlos und darum untauglich als Affekt, der seinen Körper noch nicht gefunden hat. Dieses ständige Oszillieren zwischen Ent- und Verkörperung, dies ständige Herstellen von Einheit im Gleichzeitigen, eignet dem die Zeiten überbrückenden Ingenium, mehr als der natura.

Vico schenkt der Selbsterzeugungsmacht der Natur nur geringe Aufmerksamkeit. Die Natur erzeugt zwar, sie stellt die vera creata dar, aber sie stellt sie gewissermaßen nur zur Verfügung. Sie ist - gesehen in Bezug auf die vera humana - nur konstitutiv. Das Ingenium aber, ausgestattet mit aller Macht und den Mitteln der vera creata, ist produktiv: „Die Natur hat uns zur Wahrheit gemacht, das Ingenium führt uns an" (Natura enim nos ad veritatem fecit, Ingenium ducit; Opere filosofiche, S. 717).

2.- Die Feststellung der altlatinischen Identität von inzwischen auseinandergetretenen Wortbedeutungen trifft Vico anhand von Texten der antiken Komiker, „deren Redeweisen sehr volkstümlich sind" (Metaphysicus, Prima Risp., S. 157). Die Volkstümlichkeit scheint Vico die Authentizität der Worte zu verbürgen und in aller Reinheit die Botschaft der Worterfinder zu übermitteln. Die Worte selber sind schon facta geworden, und darum erscheint es fast überflüssig, wenn sie nun die Einheit von verum und factum noch bezeugen sollen. Im „Pseudolus" des Plautus etwa werden dem Kuppler Ballion allerlei arge Schimpfworte entgegen geschleudert, die zu widerlegen er sich nicht müht, sondern die er eifrig bestätigt mit Ausrufen wie: „Ita est!", „Dicis vera", „Certe", „Factum optume" (Metaphysicus, Prima Risp., S. 154). Diese und andere Textstellen genügen Vico, die alte ‚latinische' Weisheit des „verum factum est" zu beweisen. Wie aber, wenn die Komiker nicht nur nach der Art ihrer Werke, sondern auch in der Wahl und Zusammensetzung der Worte sich als Komiker betätigt hätten? Oder, daß sie mit der gleichzeitigen Aufführung von ‚verum' und ‚factum' einen Witz erzählt und in der Bewahrung der Überlieferung sich selbst als ingenia erwiesen hätten? Vico nennt zwar die Einheit von Witz und Ingenium: „acetum, hoc est ingenium" (Metaphysicus, S. 108), jedoch ohne daß sie ihm Zweifel machte an der Glaubwürdigkeit seiner Zeugen. Schon hier läßt sich die Überlegung knüpfen, daß jeder Überlieferung die ingeniöse Verdichtung (motus cunei) eignet, die sie in die Nähe des Witzes führt und daß die Verantwortung des Ingeniums für die Gesellschaft nicht geschieden ist von der für die Geselligkeit des Witzes, zumal da beide in der Sphäre der Rede angesiedelt sind.

Den Nachweis zu erbringen, wie sehr die Struktur der Witzbildung und Wirkung in der psychoanalytischen Deutung Freuds der des rhetorisch auftretenden Ingeniums gleicht, ist nicht Ziel dieser Untersuchung. Nur kurz, die Therapie der Gesellschaft dominiert am Ende bei Freud und Vico gleichermaßen; auch das Medium der Rede wird von beiden in Anspruch genommen, sodaß der Unterschied nur darin liegt, daß Freud das Individuum, Vico den gesellschaftlichen Dialogs zum Kern seiner Empirie hat.

Wie sich vor allem im letzten Kapitel zeigen wird, vereinigt das Ingenium Bestimmungen auf sich, die Freud zur Unterscheidung von Traum und Witz anführt: „Traumarbeit ersetzt die inneren Assoziationen durch die sogenannten äußeren. Im Allgemeinen übertreibt sie bloß das, was auch im Denken geschieht"[9]. „Der Witz aber schafft nicht wie der Traum Kompromisse, er weicht der Hemmung nicht aus, sondern setzt Spiel oder Unsinn als zulässig oder sinnvoll durch, dank der Vieldeutigkeit der Worte" (S.196). Die bei Vico auf gesellschaftliche Realisierung drängende Identität von verum, verbum und factum findet Freud nur im Unbewußten: „Im Unbewußten werden die vom Wort ausgehenden Verbindungswege, wie wir aus der Traumarbeit erfahren haben, den Sachverbindungen gleichartig behandelt". (202). Der Witz ist zwar „die sozialste aller auf Lustgewinn zielenden seelischen Leistungen" (S.204), trotzdem interessiert Freud an der Gesellschaft, die sich Witze erzählt, lediglich die Rollenverteilung: Erzähler, erster Zuhörer, weitere Zuhörer, keine Rede von einer die Gesellschaft konstituierenden Funktion des Witzes, die etwa einer gesellschaftlichen präfigurieren könnte. Die Triebökonomie findet darum ihr Ziel lediglich in einer „motorischen Abfuhr", dem „Ablachen": „Der Hörer des Witzes lacht mit dem Betrag von psychischer Energie, der durch die Aufhebung der Hemmungsbesetzung frei geworden ist; er lacht, diesen Betrag gleichsam ab" (S.167). Nichts scheint zurückgeblieben oder bewirkt worden zu sein und doch besteht die Wirkung gerade im Herstellen solcher Nichtigkeit und der Reproduktion des zur Nichtigkeit treibenden Triebes: „Der Witz stellt sich in den Dienst von Tendenzen, um vermittels der Witzlust als Vorlust durch die Aufhebung von Unterdrückungen

---

[9] S. Freud GW Bd. VI., „Der Witz und seine Beziehung zum Unbewußten", S. 196.

und Verdrängungen neue Lust zu erzeugen" (S.154). Der Witz unterhält seine Funktion als „Kontrahent der Vernunft". Vernunft und Trieb hingegen zu binden in gesellschaftliche Verkörperungen ist Vicos Interesse von Anfang an. Geschichte ist ihm, nicht erst mit seiner Scienza Nuova, die verkörperte Einheit beider. Das ‚verbum' ist darin zuweilen die bedeutendste Tatsache, derart, daß es das Zentrum einer Geschichte ausmacht, die um es herum sich bildet.

Vico wehrt sich ausführlich gegen die Erwartung seiner Gegner, die älteste Weisheit der Latiner sei in den Zeugnissen der frühesten religiösen Riten und Gesetzgebungen zu entdecken. Gegen diese Fixierung auf dunkle Kulte, im Vertrauen auf die Aufklärungskraft der Worte, wendet Vico ein, den Mysterien sei der Geheimnischarakter konstitutiv, den aufzudecken keineswegs einfacher sei als die Ermittlung der Weisheit anhand der Worte. In der Mitteilung, die Dichter hätten den Staatengründern die Namen der von diesen dem Volk verordneten Gottheiten bereitgestellt [10], möchte er seinen Gegnern nahelegen, daß diese poetische Leistung nicht nur zugrunde liege allen Worten, sondern auch allen religiösen Riten und Herrschaftsordnungen.
Der Ritus erscheint darin als abgeleiteter, dem gegenüber die Worte den wahreren Ursprung der Weisheit verkörpern.
Die Frage, wer diese Poeten gewesen sein könnten, veranlaßt Vico, eine abenteuerliche Ursprungsgeschichte von deren Weisheit zu entwerfen, die gerade wegen ihrer Ähnlichkeit zu einer mysteriösen Verbergungsgeschichte

---

[10] Metaphysicus (Sec.Risp.), S. 197. Mit der Entdeckung antiker Worterfinder revidiert Vico die noch in „De nostri temporis" vertretene Auffassung, daß die Sprachen nicht von den ingenia gebildet werden könnten: "Linguis ingenia, non linguas ingeniis formari." (S. 72)

vermuten läßt, daß mit ihr der dem sensus communis eignende Schein des zeitlos Wahren getroffen werden soll:

Zur Zeit der größten Ausdehnung und Blüte Ägyptens soll auch die Toskana zu seinem Besitz gehört haben (Metaphysicus, S.197). Die Einfachheit der etruskischen Baukunst dort bezeuge nicht nur seinen Einfluß, sondern auch den Zeitpunkt vor der Entstehung der griechischen Kultur. Von der Toskana aus sei schließlich die griechische Philosophie beeinflußt worden. Die Römer hätten wohl die etruskischen Worte mit der dazugehörigen Religion übernommen, deren Sinn aber wegen ihrer Unfähigkeit zur Philosophie nicht weitertragen können (Mph. S. 24). Ihr Erfolg in politischer und kultureller Weltherrschaft habe sie gehindert, den Ursprüngen ihrer Worte nachzugehen, geschweige denn, sie einem anderen als dem eigenen Volk zuzurechnen.

Indem Vico als römischer Etymologe auftritt, versteht er sich als Sachwalter einer niedergegangenen Kultur, die über dem Verlust der eigenen Autonomie diejenige des Verdrängten erinnert, dem sie sich verdankte. Was Vico aus der kollektiven Geschichte hervorholt, hat selber die Natur der Hervorbringung: Die Auffassung des ‚factum‘ nicht als eine erste Voraussetzung, sondern als mit Erkenntnis und Willen Entstandenes, erzielt eine derart feste Bindung zwischen vergangenem Faktum und seinem Erscheinen als (im) Wort, dem ‚verosimile‘, daß dem verum kaum noch eine Bedeutung außerhalb der Existenz der Dinge zugestanden werden braucht.

Wie verum und factum, so sind negotium und causa (Handel und Ursache) miteinander verbunden. Dieses letzte Begriffspaar scheint im Werk Vicos dem Verum-factum-Satz eher zugrunde zu liegen, als von ihm abzustammen. Das eigene Ingenium nicht vergessend, berichtet er von seinem Weg zur Entdeckung dieses Zusammenhanges:

„Bei diesen Philosophen bezeichnet ‚causa' im eigentlichen Sinne die Sache, die etwas hervorbringt. Die Römer bezeichneten mit diesem Wort auch dasjenige, was man ‚negozio', ‚Handel' nennen darf. Ich überlege, wie es geschehen kann, daß das Wort für eine Sache, die etwas hervorbringt, den Sinn von ‚das, was hervorgebracht ist' annehmen konnte. Ich reflektiere darüber hinaus über dasjenige, was aus einer Ursache hervorgeht und was von den Lateinern die ‚Wirkung' genannt wurde, wobei Wirkung - achtet man auf den eigentlichen Sinn dieses Wortes - soviel heißt wie ‚in vollkommener Weise hervorgebracht'. Ich kann nicht finden, daß diese Dinge irgendeine Beziehung untereinander haben, trotzdem bin ich sicher, daß die Worte in irgendeiner Weise zusammenhängen.

Es war also notwendig zu sagen, daß es sich hierbei um eine Überzeugung der ersten Weisen handelte, die die Namen der Dinge erfanden: Sie meinten, Ursache sei das, was die Wirkung in sich enthält, sei mit dieser ein und dasselbe und bringe aus seiner Vollkommenheit die Wirkung hervor" (Metaphysicus (sec.risp.) S.205).

Daß Ursache und Wirkung ein und dieselbe Sache sein sollen, verdanken sie ihrem Tertium: ‚negotium', der Handel; er verweist beide aus der Sphäre der Naturerkenntnis in die der handeltreibenden Gesellschaft, bzw. beide werden in einer nunmehr vergesellschafteten Natur wiedergewonnen. Das Gemachte (ciò che è fatto), gilt Vico einzig für ein Problem der Verbindlichkeit des ‚negotium'. Nicht ‚patto', die als bloße Versprechungen (nude promesse) bekannte Übereinkunft, bedeute das negotium, sondern: „Ein Vertrag besteht dort, wo sich eine echte Verpflichtung zu einer Tätigkeit aus ihm ergibt (negozio), wie etwa die Gewährung eines Darlehens, die Feststellung eines Preises auf die Handelsware oder eine vertragliche Auskunftspflicht" (Metaphysicus, prima risp., S. 157).

Vico läßt keinen Zweifel daran, daß der mündliche Vertrag zugleich seine Erfüllung bedeute oder daß mit der causa das effectum so unmittelbar erfolge, daß beide zur Einheit als factum verschmelzen .können. Der Begriff des negotium kann nur deshalb causa und effectum verbinden, weil er selbst bereits die machende und gemachte Sache, die ‚cosa che fa' und ‚cosa che è fatta' einbegreift und sie in die vertragliche Realität jeglicher Worte und Dinge verweist, die als causa und effectum so umkehrbar wie Eines sind im Begriff der cosa.

Dieser gesellschaftskonstituierende Ursache-Wirkung-Ding-Zusammenhang führt zu einer ständigen Erneuerung entlang der entstehenden Bedürfnisse, die sich jeweils als Aktualisierung des stets zur Verhandlung stehenden Status quo artikulieren. Dieser Zusammenhang sorgt auch dafür, daß sich der Gegensatz zwischen dem naturwissenschaftlichen Erklärungsmodell, das sich auf angeblich reine Fakten beruft und dem sozialen Erklärungsmodell der Stammeskulturen sich verringert.


3.- Das Prinzip der Kausalität ist nach Auffassung von Hans Kelsen vorgebildet in dem der Vergeltung bei den primitiven Völkern. Statt in Begriffen wie Ursache und Wirkung eine Gesetzmäßigkeit innerhalb einer vom Menschen unabhängig vorgestellten Natur zur ‚Erklärung' gewöhnlicher und ungewöhnlicher Vorgänge herauszufinden, habe das Vergeltungsprinzip alles Naturgeschehen nach ‚Schuld und Strafe' bestimmt. Diese Größen sollen das Zentrum des durchgehend gesellschaftlich operierenden Bewußtseins der Primitiven bilden, das Hans Kelsen in folgender Weise schildert: „Es sind Vorstellungen, die, weil sie sich auf Dinge beziehen, die wir wünschen oder fürchten, mehr durch die produktive Phantasie als durch die rezeptive Beobachtung geformt werden und, durchaus ambivalent, sowohl Herabsetzung wie Steigerung des Ausgangsaffektes, sowohl Befriedigung wie Neuerung des Wunsches, sowohl Beruhigung wie Aufpeitschung der Furcht zu panischem Schrecken bewirken. Es sind Vorstellungen von dem, was, weil gewünscht: nützlich, und, weil gefürchtet: schädlich ist, und was, wenn es der Ausdruck nicht eines Individual-, sondern eines Gruppeninteresses ist, als das sittlich Gute und Böse erscheint; Vorstellungen von Gegenständen also, die weniger das Bedürfnis auslösen, sie zu erklären, als das, auf sie mit einer bestimmten Handlung zu reagieren, die zu rechtfertigen die Funktion der ausgelösten Vorstellung ist. Es sind Vorstellungen, die Wertungen zum Ausdruck bringen und sohin die Anschauung von der normativen Ordnung des menschlichen Verhaltens fundieren".[11]

,Eine Vorstellung vom Gegenstand, die die Reaktion auf sie rechtfertigen soll' ist nicht eine für die Handlung konstitutive wertmäßige, sondern der Wert selbst, der nun als Parameter in die strafende Natur eingetragen wird. Er gilt nicht als ein allgemeines, die Besonderheit der Handlung bestimmendes Gesetz, sondern er ist identisch mit der Gegenstandsvorstellung. In dieser Wechselbeziehung von Gegenstand und Wert findet dann der Begriff der Verkörperung seine reale Gestalt: Verinnerlicht als Wert, haftet dem Körper der Charakter des die Triebnatur begrenzenden Äußeren an: Cassirer zitierend schreibt Kelsen, „daß auf den ersten Stufen des mythisch-religiösen Bewußtseins die ,Dinge' für das Ich nur dadurch ,sind', daß sie in ihm affektiv wirksam werden, - daß sie in ihm eine bestimmte Regung der Hoffnung oder Furcht, der Begierde oder des Schreckens,

---

[11] H. Kelsen, Kausalität und Vergeltung, S.

der Befriedigung oder Enttäuschung auslösen".[12] ‚Weder entsprächen das ‚Ich' noch die ‚Dinge' dem heutigen Verständnis, da die Natur als bevölkert von Totenseelen vorgestellt werde, vor deren Macht das ‚Ich' nicht „erlebt" werden könne: „Die toten Ahnen sind alles und haben alles gemacht, der Lebende ist nichts"[13].Die Beseeltheit der Natur[14] läßt die gesellschaftliche Wertbestimmung als eine bewußte Operation erscheinen, die sich jeweils aufs neue realisiert, sobald ein als Lohn/ Strafe aufgefaßtes Ereignis einer Ursache, Schuld/Verdienst, zugeordnet werden muß. Die Totenseelengesellschaft draußen konstituiert die menschliche Gesellschaft, indem sie zum Beratschlagen zwingt, über die Deutung der von ihr inszenierten Ereignisse in der Natur. Das ‚Ereignis' sowohl das aktuelle Geschehen in der Natur als auch die Entstehungsgeschichte der Naturdinge, die ihnen eine bestimmte Stellung innerhalb der Wertordnung zuspricht, umfaßt, vereint die von ihm initiierte „Vorstellung vom Gegenstand", dessen Geschichte mit der aktuellen Erscheinung, - wie diese als strafende-belohnende Sanktion sich bereits auf ein Vergehen in der Vergangenheit bezogen hat, das die tradierte Stellung des Gegenstandes in Frage gestellt hatte.

Diese Einheit von Entstehungs- und Wirkungszusammenhang referiert Vico in seinem Begriff der „Ursache, die in sich selbst die Wirkung enthält", jedoch ohne den mit ihm im Vergeltungsdenken der ‚Primitiven' verknüpften „Konservatismus" zu teilen. Dort stellt das als Sanktion begriffene Naturereignis die

---

[12] ebd., S. 9
[13] H. Kelsen, a.a.O., S. 12
[14] In der Darstellung gesellschaftlich determinierter Naturdinge, gruppiert um die menschliche Zentralfigur, weisen sich Cesare Ripas „Immagini" als Reminiszenzen des primitiven Bewußtseins aus, - freilich unter der Ägide des Begriffs.

Ordnung, sie darin bestätigend, wieder her. Da die göttliche Ordnung der Natur alles von ihr sich Entfernende, sowohl Schuld als auch Strafe ‚will'[15], bzw. ihr beide inhärieren und darum von dieser nicht zu unterscheiden sind, bedeutet die Zession der Schuld an die Gesellschaft immerhin eine Stufe der Emanzipation vom alles durchwaltenden Willen. Das außergewöhnliche Naturereignis zwingt die bedrohte Gesellschaft zu seiner Verarbeitung durch den Aufweis eines Verschuldens in den eigenen Reihen. Der Schuldige erscheint dann als Verursacher des Ereignisses, dessen Vollstrecker die Götter seien. Mit ihm ist das Abweichende, Außergewöhnliche, verkörpert - begrenzt in einen Körper, der nun geeignet ist, die kollektiven Affekte aufzunehmen.

Für die Naturwissenschaften gibt es ein Fortleben des Fatum-Begriffs in dem der ‚Vollständigkeit'. Gegen ihn protestiert Vicos Forderung nach Reichhaltigkeit und Weite (amplitudo). Das Fatum war abstrakt geworden und übte seine Herrschaft nur über Abweichendes aus, das es in seinen zirkelförmigen Bann schlug, ohne daß es sich noch überlieferte als Nichtwissen von dem, wozu es zwang. Das Nichtwissen des Zieles, die Ahnung aber des Naturzwanges, einst konstitutiv fürs Fatum, haben sich im Vordringen der Naturwissenschaft verflüchtigt. Der Begriff der Notwendigkeit enthält nun nicht mehr das, was von Außen als Nichtwissen zwingt, sondern das Zwingende bewußter Erkenntnis, aus deren Komplizierung in Erfahrung eine auf die Dinge sich richtende Notwendigkeit als Idee der Vernunft imaginiert werden darf. Der Naturzwang wird sublimiert zum Vollständigkeitszwang der Erkenntnis.

---

[15] H. Kelsen, a.a.O., S. 261: „Die Gottheit, die auch die Schuld will".

Die res cogitans als Residuum des kartesischen Zweifels soll gegen die natura naturans die menschliche Autonomie verbürgen, indem sie diese zu res extensae dividiert, deren extensio sie sich selber konstruiert hat (Geometrie). Der auch auf dieser Ebene wieder möglich gewordene Zweifel, ob das Konstruierte auch mit der Natur übereinstimme, wird überbrückt mit der Versicherung einer dritten Substanz, Gott, die dem Menschen die adaequatio rei garantiere. Die Unvollkommenheit solcher Erkenntnis nimmt Vico ernst: „In der Physik können wir keinen Beweis aus Gründen führen" (Metaphysicus, S. 69). Was ist dann aber dieser ‚Beweis aus Gründen', der ausgeführt werden soll von jemandem, „der die Materie oder die verborgenen Konstitutionsmomente einer Sache ordnet und die zergliederten Elemente zu einer Einheit zusammenfügt" (Metaphysicus, S. 67)? Kann ein solcher Beweis nicht der Natur gelten, so muß er in der Gesellschaft einen Ort haben, an dem man seine Elemente aufspürt, um das Zerstreute zu einigen. Die ‚Einigung' der dissoziierten Gesellschaft mittels der entdeckten ‚Elemente', dem sensus communis und seiner Worte, besänftigt die mit der Zerstreuung sich ausbreitenden Affekte in der Verkörperung zu einer anderen Ordnung; hier ist kein Sündenbock nötig, - wie das primitive Denken zur Wiederherstellung der alten Ordnung seiner bedurft hatte. In dieser Stellung gewinnt die causa zwar eine gediegene gesellschaftskonstituierende Bedeutung; dennoch scheint Vico die Drohung des Naturzwangs noch zu mächtig, um ihn nicht weiter zurückzudrängen. Der Begriff des ‚verosimile', der diesem Zwang bereits widersteht, wird deshalb zur Stärkung der gesellschaftlichen Zielrichtung der Kausalität einmontiert, in deren Kontext es den Titel der ‚Abweichung' erhält.

Das, was nun Gewohntes und Abweichung miteinander verbindet, ist die Mimesis; sie selber nämlich ist

Abweichung, die sie als Verschiebung des unzureichenden wie zureichenden Gewohnten selbst betreibt zugunsten einer neuen Ordnung. In der dazu erforderlichen Aneignung der causa will sie nicht nur deren Zweck festhalten, sondern an deren Stelle treten, indem sie in ihrer Gestalt die Spannung von verum und factum aufnimmt, die beide sich als effecta von der causa gelöst haben, der sie ihre Identität verdanken.

In der ‚primitiven' Gesellschaft gehört alle Aufmerksamkeit nicht der gewohnten Naturerfahrung, sondern den Abweichungen: „So lange die Weltordnung nach Analogie der Gesellschaftsordnung als Ausdruck eines mehr oder weniger persönlich gedachten, vernünftigen und daher zweckmäßig funktionierenden Willens vorgestellt wird, muß das Gesetz alles Geschehens den Charakter einer Norm haben, die nach Analogie der sozialen Grundnorm des Rechtsgesetzes, den Normalzustand durch Sanktionen garantiert, d.h. das Weltgesetz muß ein Vergeltungsgesetz sein. Die Abweichung des Geschehens von diesem Gesetz, die eine durch Beobachtung vertiefte Erfahrung als nicht von vornherein ausgeschlossen erkennt, wird als die Bedingung einer von dem göttlichen Willen ausgehenden, das Gleichgewicht in der Natur wiederherstellenden Reaktion angesehen; so daß die Unverbrüchlichkeit des Gesetzes, die absolute Notwendigkeit seiner Geltung, sich nicht so sehr auf die Norm des ‚richtigen' Geschehens als vielmehr auf deren Sanktionen bezieht".[16] Der Kausalität gilt die Abweichung für ein bloß Akzidentielles, das von ihr ausgeklammert werden muß, weil es sich gegen die von ihr konstatierte Notwendigkeit richtet. Dagegen bezieht sich die Kausalität im Prinzip der Vergeltung primär auf

---

[16] Hans Kelsen, a.a.O., S. 251 f

die Abweichung von der Norm und nicht auf die normative Ordnung selbst.

Die Abweichung ist hier Reaktion und nicht: widerspenstiger Rest. Dem Vergeltungs- wie auch dem Kausalitätsprinzip eignen die Furcht vor der Abweichung, die in ersterem Fall die Norm rechtfertigt als Sanktion, in der sie schließlich restlos aufgeht, während sie in letzterem Fall als schwarzes Schaf unter den übrigen reinen effecta rangiert oder schließlich als Exemplar eines Universums von effecta jegliche causa zu ignorieren lehrt. Davon, wie aufgrund des Kausalitätsprinzips Realität und Gesetz unversöhnt gegenüberstehen, zeugt die Vorstellung einer nur in Abweichungen, - im ewigen Wechsel - konstatierbaren Natur. Mit ihr ist der Bruch zwischen Natur und einer Gesellschaft, die nun nicht mehr auf Natur sich beziehen kann, besiegelt. Dieses Manko nimmt Vico als Vorteil auf. Den Begriff der causa nicht aus der Hand gebend, sondern ihn transplantierend aus dem Verständnis der Natur in das der Gesellschaft, gibt der so entstandene Bruch zwischen beiden den Triebgrund ab für eine Selbstreflexion der Gesellschaft, zu deren Sachwalter Vico sich mit seiner, in der „Scienza Nuova" ausdrücklich gewordenen Geschichtsphilosophie macht. Deren, im „Metaphysicus" noch verborgene Gestalt mag denn auch rechtfertigen, das in diesem Kapitel überwiegende Problem der Naturerkenntnis unter dem Titel der „Etymologie" zu erörtern.

4.- Das heraklitische Diktum vom ständigen Fluß der Dinge veranlaßt Vico[17], die Möglichkeit von

---

[17] „Immer verändern ortsnahe Körper ihre Lage untereinander, immer ziehen sich Körper an und stoßen sich wieder ab. Dies ist das Leben

Naturerkenntnis an deren Fähigkeit zu binden, sich den Dingen in ihrer Bewegtheit ‚anzuschmiegen' und deren Äußerliches, in dem sie nur ‚wahrgenommen' werden können, als ‚Symptom'[18] des Wesens begreifen zu lernen, - in Mimesis an das Verfahren der Natur, die Induktion. Der Fluß der Dinge gestattet keine „norma mentis recta", sondern zwingt den Geist zur Anpassung: „Die menschlichen Handlungen dürfen wir nicht mit dem gradlinigen Lineal des Verstandes messen, sondern mit jener geschmeidigen Norm der Lesbier, die die Körper nicht an sich, sondern sich an die Körper anpaßt. Und darin besteht eigentlich der Unterschied zwischen Wissenschaft und Klugheit, daß in der Wissenschaft diejenigen groß sind, die von einer einzigen Ursache möglichst viele Wirkungen in der Natur ableiten, in der Klugheit aber diejenigen Meister sind, die für eine Tatsache möglichst viele Ursachen aufsuchen, um dann zu erschließen, welche die wahre ist." (De nostri temporis, S. 61). ‚Die geschmeidige Norm der Lesbier' ist ein Vergleich aus der Nikomachischen Ethik des Aristoteles. Man bediente sich auf der Insel Lesbos, um die dort gebrochenen harten und unebenen Steine möglichst lückenlos passend aneinander reihen zu können, eines biegsamen Maßes aus Blei, das man auf die Flächen der Steine preßte, um ein ‚Maß' ihrer Unebenheit zu erhalten und den geeigneten Nachbarn auswählen oder zurechtmeißeln zu können.

---

der Dinge, vergleichbar einem Flusse, der immer derselbe zu sein scheint, während doch ständig neues Wasser in ihm fließt." (Metaphysicus S. 97) Eine ausführliche Behandlung dieser Stelle findet sich im nächsten Kapitel:

[18] „Signa", um deren Beachtung vor allem die Medizin bemüht sein muß, die für Vico das Schlüsselbeispiel einer Wissenschaft abgibt, da am deutlichsten sie das Problem der Erkenntnis eines (lebendigen) Gegenstandes vor Augen führt. (De nostri temporis, S.56).

Das um ‚kluge' Zusammensetzung bemühte Maß, das dazu drängt, viele Ursachen für eine Wirkung aufzuspüren, ist die schöne Proportion (pulchra proportio, Metaphysicus S. 126), deren Entdeckung und Hervorbringung dem Ingenium eignet. Nur in ihm findet die Vielheit der Wirkungen ihre Entsprechung zu der der Ursachen; letztere ist das weit auseinanderliegende Ähnliche, das vom Ingenium komprimiert, zusammengesetzt und verwesentlicht worden ist zu derjenigen Einheit, die sich als die ‚Eine Wirkung', - die schöne Proportion - zeigt.

Die ‚geschmeidige Norm der Lesbier' schien zunächst wenig die Gewaltsamkeit einer Durchdringung der Naturdinge anzuzeigen. Doch ihre Beziehung zum Ingenium erweckt Zweifel am Genügen solcher Schmiegsamkeit, und die Naturähnlichkeit des Ingeniums weckt Zweifel an seiner Gewaltsamkeit. Beides, Anpassung und Zwang interferieren in seinem Begriff. Soweit das Ingenium selbst Natur ist [19], muß es absehen von aller Gewaltsamkeit und der ihr zugrunde liegenden Differenz von Natur und Bewußtsein. Diese Fähigkeit versetzt es in die Lage, der Bewegung der Dinge sich anzuschließen, gewissermaßen als deren Komplement, dessen sie bedürfen, um in aller Bewegtheit dennoch Vollkommenheit (perfectio) beanspruchen zu können. Darüber wird das Komplement, die ingeniöse menschliche Natur, zum Ferment der perfectio der Naturdinge.

Die schmiegsame Seite des Ingeniums gilt dem äußerlich Gewordenen, dem Unvollkommenen und dem darum sein Wesen unvollkommen Repräsentierenden, dem zur Ähnlichkeit auseinander gedrifteten, das der Kompression harrt, um im Zusammenfinden zu neuer

---

[19] „Weiterhin sind bei den Latinern ‚Ingenium' und ‚Natur' dasselbe" (Porro ‚Ingenium' et ‚natura' Latinis idem) Metaphysicus, S. 126

Einheit sich zu verwesentlichen und einer ‚perfekteren‘ Repräsentation des Wesens Platz zu machen. Die Gewaltsamkeit des Ingeniums erscheint gemildert und seine Anpassung an die Natur als Mimesis an diese, daß auch sie sich anpasse im Gewähren der ‚penetratio‘.

Vicos Auffassung von der Einheit der Kausalität führt nicht zu einer Preisgabe des Begriffs der ‚causa‘ und nicht zu einer schlichten Adaption der Vorstellung einer vergesellschafteten Natur. In der Verarbeitung durch das Ingenium zu einem Wissen gewinnt die Natur gesellschaftliche Gültigkeit: „Daher ist es wahrscheinlich, daß die italischen Philosophen die Meinung vertraten, derjenige führe einen Beweis ‚aus Gründen‘, der die Materie oder die verborgenen Konstitutionselemente einer Sache ordnet und die zergliederten Elemente in einer Einheit zusammenfügt. Kraft dieses Verfahrens und mittels der Zusammenfügung der Elemente entsteht die mit Gewißheit bestimmbare Form einer Sache, welche in die Materie die besondere Natur einfügt.“ (quae peculiarem naturam in materiam inducat; Metaphysicus, S. 67). Diente ein Teil dieses Zitats bereits zum Nachweis des gesellschaftlichen Charakters des Kausalitätsbegriffes, so soll das ganze die Weise zeigen, in der er zustande kommt. ‚Beweisen aus Gründen‘ wird hier als Rekonstruktion der Natur geschildert, deren Körper in der Manier der „vis cunei“ elementarisiert und neu ‚komponiert‘ werden zu der Einen Form, als die die „res“, nicht in einer irgendwie ursprünglichen Gestalt, sondern in ihrer Besonderheit, die sie der Neuordnung ihrer Elemente verdankt, gewußt wird. Indem das Ingenium das Werk der Natur verrichtet, die Besonderung der Materie, eignet es sich die Begriffe, die diesen Vorgang umfassen - causa und effectum -, diese realisierend an; beide verdanken ihm ihre Identität in der „cosa“. Das Ingenium liiert sich deren Tertium, dem negotium, durch das es sich zum Medium der Gesellschaft macht. Causa und effectum sind Eines, weil das Ingenium beide zur Einheit in der „cosa" bringt. Bei dieser Vermittlung, bzw. Produktion, trägt das Ingenium das Kleid des Händlers, des Verhandelnden und Handelnden. Deshalb auch ist „cosa" nicht die Sache draußen, sondern die Suche im gesellschaftlichen Wirtschaftsverkehr. Das verbindliche Wort, negotium, besitzt die Kraft zum effectum, da es in sich die vorerst nur ingeniös zerlegten und nur erst potentiell zu neuer Einheit drängenden Elemente der ‚res' enthält. Die Kraft wächst ihm zu, wenn es die vergangene ingeniöse Wortschöpfung und in dieser die ‚res', der zu Folge verbum, verum und factum einst ungeschieden gewesen waren, erinnert[20]. Die Wiederaufnahme des Vergangenen macht aus diesem erneut ein Gesellschaftliches: das, was einst Körper geworden war, wird im körperlichen Wort, das an Stelle der vormaligen Trieberfüllung auch diese, erinnert.

Das Bild ist der im effectum fortlebende und erinnerte Körper. Es entschädigt über den Verlust der Sache mit deren Gesellschaftlichkeit, in der sie, ihre Einzelheit verlierend, zum Element verallgemeinert und als dieses ein Beziehungsgeflecht mit allen anderen gleichfalls elementarisierten Dingen ausspannt. Die im Bild verallgemeinerte Sache ist darum immer ein Vieles, in dem effecta wie causae gleiches sind.

---

[20] „Dem entspricht es, daß die heilige Schrift in wahrhaft göttlicher Genauigkeit die Weisheit Gottes, die die Idee aller Dinge und darum auch die Elemente aller Ideen in sich enthält, das ‚Wort' nennt. Im ‚Wort' nämlich ist identisch das Wahre und das Begreifen aller Elemente, jenes Begreifen, das dieses Universum der Dinge zusammenordnet, und das, wenn es wollte, unzählige Welten erschaffen könnte." (Metaphysicus, S. 37)

5.- Indem das Ingenium das Äußere zum wahren Repräsentanten des Wesens, dem Ähnlichen, durch Umkehr ‚macht‘, verwesentlicht es die sinnliche Anschauung. Im Falle von Wort und Bild gelang dies, weil deren Geschichte reflektiert werden konnte. Die Natur aber läßt, weil sie nicht ‚gemacht‘ ist, keine Einsicht in ihr Wesen zu, so daß der Versuch, in sie eine Kausalität als ihre Geschichte zu transplantieren, scheitern muß. Dennoch ist ihre Vergesellschaftung unter dem Aspekt nicht der Veranschaulichung ihres Wesens, wohl aber einiger Erscheinungen möglich, - im Experiment. Es ist Produkt der Mimesis an Mensch und Natur.

Die Seite der Naturähnlichkeit des Experimentes zeigt sich im Gebrauch natürlicher Mittel zum Eingriff in die Natur: „... Experimentelle Untersuchungsverfahren mit Hilfe von Feuer und Werkzeug, deren sich die moderne Physik bedient, haben das Menschengeschlecht mit unzähligen neuen Einsichten beschenkt. Dabei wird die heutige Physik zur Herstellerin von Dingen, die den besonderen Hervorbringungen der Natur ähnlich sind.“ (Metaphysicus, S. 59). Seine Gesellschaftsähnlichkeit gründet das Experiment auf seiner Erwartung auf Zustimmung, die zu erlangen es sich nicht allzu weit vom gewohnten Umgang mit der Natur entfernen soll: „Daher kommt es, daß in der Physik jene Überlegungen als beweiskräftig gelten, die ihre Entsprechung im menschlichen Handeln haben. Eben deshalb gelten Thesen über physikalische Vorgänge als besonders bedeutsam und werden mit ungeteilter Zustimmung übernommen, wenn wir ihnen Experimente an die Seite stellen, durch die wir etwas der Natur Ähnliches hervorbringen.“ (Metaphysicus, S. 45). Die Bedeutung des Experimentes liegt nicht nur in der veranschaulichenden Darstellung von Erscheinungen der

Natur, sondern vor allem in einer Darstellung der Bewegtheit, in der es, selber Verlauf, dem Naturgeschehen ähnlich ist: „Das ausgeprägte Interesse unseres Jahrhunderts an Methodenproblemen wird heutzutage schon befriedigt, wenn man erkennt, daß natürliche Wirkungen mechanisch erklärt werden können, das heißt, mit Hilfe von Experimenten (effetti della fisica pruovati con gli effetti della meccanica, cioè con esperimenti), die uns Arbeitsabläufe vor Augen stellen, die den Naturprozessen ähnlich sind." (Metaphysicus, sec.risp., S. 245). Im Verhältnis zur Natur, deren Fluß bestenfalls gestattet, sie in Ähnlichkeiten festzumachen, stellt das Naturähnliche, die experimentelle Anordnung, ein menschlich hergestelltes ‚tertium' dar, das durch die ingeniöse Vereinigung des Ähnlichen der Natur diese als gesellschaftliche anschaulich macht. Hier am deutlichsten zieht Vico die Grenze von Identität und Ähnlichkeit, wie sie aller Mimesis eignet. Das Experiment kann nicht ein Gesetz rechtfertigen, wie dieses nicht Natur. Es beschreibt lediglich die Seite der Aneignung der Natur durch Mimesis, nicht die einer Objektivität, unabhängig vom Zweck der Aneignung. Der Zweck, der in der Mimesis festgehalten wird, verkörpert sich in ‚Instrumente' und ‚Maschinen', in die verlängert sich Vico das Experiment vorstellt („Meccanica, cioè esperimenti").

Da Vico dem Experiment nicht die Qualität der Gesetzesbestimmung läßt, sondern nur die der Disposition von Naturdingen - deren Anlaß wohl im Bedürfnis nach Veranschaulichung zu finden ist, das sich aber erst dann zufriedengibt, wenn sich die Anschauung mit dem menschlichen Zweck deckt - wird die Natur zu einer res humana und Natur wie Mensch zur causa des effectum ‚Maschine' als Manifestation ihrer Versöhnung.

Den genannten Verkörperungen mag die in der „Skizze", dem Disegno, präfigurieren; denn mehr als für eine Metapher dürfte es gelten, wenn Vico das „verum humanum" einem „monogrammus" gleichsetzt. (Metaphysicus, S. 3-6). In der Einleitung zu seinen ‚Viten' gibt Giorgio Vasari folgenden Hinweis für die Anfertigung eines Disegno: die Muskeldurchbildung solle ‚gegeben' sein „mit jener anmutsvollen und zarten Leichtigkeit, die zwischen dem Geschehen und Nicht-geschehen liegt, wie dies beim Fleisch und anderen lebendigen Dingen der Fall ist"[21]. Die Lebendigkeit des Gegenstandes wird hier ausgewiesen als ein ‚Zwischen' von Geschehen und Nicht-Geschehen. Die Zeichnung kann deshalb ein ‚tertium' genannt werden, das die in Abweichungen sichtbare - und im Sichtbaren das Wesentliche ihrer Lebendigkeit offenbarende - Natur verkörpern kann.

Die Lust und Kunst, mit der man sich auf dieses ‚Zwischen' einläßt, eignet am wenigsten dem ‚primitiven' Denken. In der Skizze wird die Abweichung affirmiert zur conditio humana. Das primitive Vergeltungsdenken aber erträgt nicht die Spannung zwischen Geschehen und Nichtgeschehen, zwischen Gewohntem und Ungewohntem und wendet darum alle Mühe auf die Reduktion des letzteren auf ersteres.

Der primitive ‚Beweis' der Schuld, die das außergewöhnliche Ereignis hervorgerufen hatte, galt der Erhaltung alles Gewohnten. Vico fordert den ‚Beweis' als ingeniöse Veränderung der causa, die Neuordnung einer elementarisierten Materie durch die Form. Darüber wird das Gewohnte zum Ungewohnten - ein Vorgang, der konstitutiv ist für die Naturwissenschaft. Das nun zum Beweis zwingende und fähige Gewohnte setzt voraus, es

---

[21] Giorgio Vasari, „Lebensbeschreibungen", S. LI

als Ungewohntes aufzufassen; da der Beweis gerade in der Revision eines bloß Aufgefaßten bestehen soll, muß er es als sein ‚effectum' hervorbringen. Erst das so gesetzte Ungewöhnliche, hat dann Anspruch darauf, pars pro toto, das neu disponierte Gewohnte zu werden. Die enge Bindung des ‚Beweises' an eine Hervorbringung durchs Ingenium rückt seine Erkenntnisform einer Wissenschaft des zunächst Ungewohnten in die Nähe des alltäglichen Wissens, zu dem alles Ungewohnte sich entwickeln soll. Ebenso wie das ingeniös zustande gebrachte Wissen keine Trennung zuläßt zur Alltagserfahrung, so läßt die ‚cosa' keine Trennung zu zwischen Gegenstand und der Methode ihn zu begreifen. Wie die Gesellschaft Eines sein sollte, so der Gegenstand mit der Methode: „Ganz gewiß haben Wissenschaft und Wissen dieselbe Quelle" (Certe unde scientia, et inde ‚scitum'; Metaphysicus, S. 126).

Weil Gewußtes und Wissen ‚effecta' des Ingeniums sind, kann Vico behaupten, ‚verum' sei identisch mit ‚factum'. So wie beide sich von der causa entfernt haben, gründen sie ein von dieser unabhängiges Verhältnis: ‚Wissen' bedeutet nicht den hervorgebrachten Endpunkt der Verkörperung der Affekte, wie es seine Stellung als ‚effectum' nahelegt, sondern bedarf zu seinem Fortbestehen einer ständigen Vergewisserung als Verkörperung. Es muß sich in der Reflexion auf seinen Entstehungszusammenhang erhalten. Die Triebbedingtheit des Wissens führt es aus dem Begriff der causa über in den Begriff der „virtus", der humanisierten Form des „conatus". Beiden, ‚causa' und ‚virtus' eignet die Fähigkeit, „die Dinge hinauszuschicken" (mandar fuori le cose). ‚Virtus' aber begrenzt deutlich die Macht der ‚causa', denn sie ‚schickt die Dinge nicht nur ‚hinaus', sondern erhält sie in ihrer prekären Einzelheit (mandar fuori e sostiene ogni cosa particolare; Metaphysicus, sec. risp. S. 233). Als Gestalt der aller Verursachung zugrunde liegenden Kraft der virtus liiert sich das Wissen an sein Gewußtes, weil es von ihr in seiner Identität in der neuen Ordnung erhalten wird und seine Triebbedingtheit in der des factum wiedererkennen kann als Bedingung allen Naturgeschehens.


6.- Im traditionellen metaphysischen Kontext ist dieses Naturgeschehen ein Szenario des Conatus, das Vico ohne viel Umstände in die Gesellschaft verlegt. Seine Darstellung des Conatus hält er für das Zentrum seiner Metaphysik. Mit Hilfe der neuesten, die huygenssche und newtonische Lehre einbeziehenden, mechanistisch-physikalischen Begriffe entwirft er ein Bild des Naturprozesses: Der Conatus, der Kraftpunkt allen Geschehens, „deduziert virtus in actus" und ist zu diesem Zwecke angewiesen auf die Beihilfe der Natur; diese wiederum kommt seinem Bedürfnis entgegen mit ihrem, dem ‚deduzierenden' Conatus gegenläufigen und letztlich auch dem Menschen einzig möglichen Verfahren der Induktion der Form in Materie. Dadurch erst wird die Materie von ihrem Nichts zur Existenz gebracht, sogleich erhebt sich die Frage, woher die Dinge wohl ihre Verschiedenheit bekommen haben. Vico behauptet seiner Zeit gemäß, die Verschiedenheit gründe sich auf der jeweiligen „Maschine" des Körpers, die wir für eine leblose, feste, sich mit dem in ihr vom Conatus realisierten actus, diesen begrenzend, sich dennoch verändernde Hülse halten müssen. Woher diese stammt, bleibt offen. (Die Materie kann es nicht sein, da sie für sich ja nicht existieren können soll). Die Grenzen, in denen sich der Conatus realisiert, die Individuen, bestimmen nun jegliche Einflußnahme zur bloßen „determinatio"; hier ist keine „penetratio", keine zerstörende Durchdringung möglich (motus incommunicari).

Vico deutet seine Darstellung des Conatus in seiner „seconda risposta" selber ein als Bild der menschlichen Freiheit: In seiner Bewegung verdankt sich jeder Körper dem Conatus, unter einander aber sind alle Körper gleich und können einander nicht tyrannisch, d.h. auf dem Wege der „penetratio", verkehren. Um sich zu bewegen, bedürfen die Körper keines weiteren Einflusses, etwa in Gestalt des „Impulses", den Vico denn auch als eine aus ihrem Zusammenhang mit dem Conatus herausgelöste Determination ablehnt: ‚Es gibt keine Kraft ohne Körper; deshalb ist jegliche Bewegung körperlich; beim Wurf der Kugel wird deren Bewegung, die sie auch in der ‚Ruhelage' ausübt, lediglich determiniert durch die Determination der Muskulatur des Werfenden etc. und wirkt schließlich durch Determination der Luftkörper, die die Physiker als Fehlleistung in ihren Messungen ausschließen möchten und nur als Widerstand erfahren und festhalten wollen.

Mit der Verdrängung der Luft fürchtet Vico um die der ihm gleichbedeutenden Seele.

# III. Ingenium und Topik

Schon war davon die Rede gewesen, daß das Ingenium die Natur des Menschen ausmache; „Ingenium propria hominis natura" (Metaphysicus, S. 1.26). Die Erörterung dieser Natürlichkeit hatte dort zu der vom Ingenium gebotenen und zustande gebrachten Einheit von Wissen und Gewußtem geführt: „Propria sciendi facultas Ingenium"; (Metaphysicus, S. 128). Im Folgenden soll nun der Eigenart dieses Wissens nachgegangen werden.

l.- In der Stellung als Natur des Menschen betrifft das Ingenium jeglichen verfremdenden, vertauschenden und verähnelnden Umgang mit seinen Gegenständen, zu dem es seinen Begriff, das ‚Wissen‘, ausdehnt; dieses ist dann nicht weiter verpflichtet auf die mens, sondern kann sich auf den animus und das von ihm nicht unterschiedene Handeln, die Beseelung der Dinge, beziehen. So liegt auch im Spiel der Kinder ein ‚Wissen‘: „Wir sehen ja schon bei den Kindern, deren natürliche Auffassungsgabe noch kaum verdorben und noch nicht durch Einbildung und Vorurteile entstellt ist, wie sie die grundlegende Fähigkeit, Ähnlichkeiten zu erkennen, entfalten, und wie sie deshalb alle Männer Väter und alle Frauen Mütter nennen und ähnliches Kindliches mehr" (Metaphysicus, S. 135), wie etwa: Mäuse vor ein Wägelchen spannen oder auf einem langen Rohrstock reiten. Vico fährt fort: „Die Ähnlichkeit der Sitten erzeugt bei den Nationen den Gemeinsinn" (Similitudo autem morum in nationibus sensum communem gignit). Überraschend und verquer schließt sich dieser Satz an den vorigen an; seine Plazierung erweckt den Anschein, Vico habe dem Reiz einer Demonstration seines Ingeniums nicht widerstehen wollen: ‚Ähnlichkeit‘ zwischen dem Unscheinbarsten und Größten, dem Verhalten der Kinder und dem von Nationen!

Das Kind macht noch keinen Unterschied zwischen sich und der Außenwelt; dadurch ist es in der Lage, deren Gegenstände als ihm ähnliche und darin zugleich als unter sich ähnliche - Pferd und Wagen, das Große, Wägelchen und Maus, das Kleine - anzusehen. Alle Dinge erscheinen ihm beseelbar [22] : Der Rohrstock wird zum Pferd, als sei er niemals etwas Anderes gewesen, - wie es der Weite seiner unverstellten Einbildungskraft genügt.

Was hier Vico mit viel Sympathie schildert, versetzt ihn an anderer Stelle in Schrecken; dort, wo die Vertauschbarkeit der Dinge aus ihrem spielerischen Charakter heraustritt, - im Verhalten des Tyrannen. Von ihm handeln die Einleitungssätze der berühmten und zuerst veröffentlichten Inauguralrede von 1708, „De nostri temporis studiorum ratione": Francis Bacon habe mit der Aufstellung eines neuen Kreises von Wissenschaften so maßlose Forderungen (vasta desideria) an die menschlichen Fähigkeiten und die Natur gestellt, daß er wohl eine andere als die existierende Natur wünschen müsse: „Das hat, glaube ich, darin seinen Grund, daß diejenigen, die das Höchste besitzen, das Ungeheure und Grenzenlose zu erstreben pflegen. So hat der Verulamier (Bacon) in der Wissenschaft dasselbe getan, wie die Beherrscher der größten Reiche im Staatsleben, die, wenn sie die unumschränkte Herrschaft über die Menschen erlangt hatten, ihre gewaltige Macht gegen die Natur selbst richteten und Meere mit Steinen pflastern, Berge mit Schiffen befahren, und anderes, was

---

[22] Nicht wenig mag die Entdeckung der Bewegtheit aller Dinge dazu beigetragen haben, die kindliche Beseelung und Verlebendigung der Dinge aufzuwerten. Einen Stecken für ein Pferd, oder, wie Cusanus, das Verhalten einer zur Hälfte ausgehöhlten für das aller realen Kugeln auszugeben, zeigt mehr Gemeinsamkeit als die des Spiels.

die Natur verbietet, mit eitlem Streben ins Werk setzen wollten" (S. 12). Schiffe über Berge zu tragen oder das Meer mit Steinen zu bepflastern, bedeutet für Vico ein Vergehen gegen sowohl die von der Natur gesetzten Grenzen als auch gegen die Menschen, die in diesen Grenzen Zuflucht suchen: „Zur Knechtschaft der Natur gesellt sich die des Rechts, gleichsam als Mitsklavin".[23]

Das Herrschaftsinteresse des Tyrannen äußert sich im Nivellieren der Grenzen, auch derer, die der eine Mensch dem anderen ist, einer gewaltsamen Sicht und Hervorbringung, die unter Mißachtung der Eigenheit der Dinge deren Ähnlichkeit erst erzwingen muß. Die Bösartigkeit dieser - exzessiven - Synthetisierung gründet in der Umstandslosigkeit, mit der die Phantasie, das zur Hervorbringung doch eigentlich ‚reinste' Vermögen (Metaphysicus, S. 124) sich losreißt von ihrer Einheit mit der Memoria, der Erinnerung, in der das mit dem sensus communis verbundene Erfahrungswissen gespeichert ist (siehe Metaphysicus, sec. risp., S. 263), und zuletzt sich der Wirklichkeit aufzwingt. Erst mit der Leugnung der räumlichen und zeitlichen Kontinuität der Dinge vermag dieses Ingenium seine ‚rein' gewordene Herrschaft zu entfalten. Und schon zeigt sich für Vico in der Forderung des Descartes, von der Überlieferung abzusehen, der neue Tyrann.

Die überraschende Zusammensetzung von Kinderspiel und der Entstehung von Nationen galt zwar dem Begriff der Ähnlichkeit, der sich an beidem aufdecken ließ; doch dürften beide in einem darüber hinausgehenden Wechselverhältnis stehen: Ist die Ähnlichkeit im Kinderspiel ein Hervorgebrachtes, so muß auch der sensus communis von den Nationen hervorgebracht sein. Eine unverstellte Natur, die dem kindlichen Werk

---

[23] „Von dem einen Ursprung und Ziel allen Rechts", a.a.O S. 48

zugrunde gelegen hat, eignet nicht der Menschheit. Deshalb wird der sensus communis und nicht die Natur Ziel und Grund gesellschaftlicher Hervorbringung sein.

Denn, gedachte das Kind der Geschichte, als es den Stecken zum Pferd sich erkor? Vico hebt hervor, die Natur des Kindes sei „integrior". Die unverstellte, ihre Körper und den sensus communis weitertragende Natur verbürgt ihm, daß sie sich in der menschlichen nicht selbst einen Widersacher schaffe. Doch Wäre der Mensch zufrieden mit seinem Ingenium, so wäre er nur Einzelwesen, geschichtslos und ohne Gesellschaft; schon deshalb kann das Ingenium immer nur mit seinem Hauptgegenstand, dem sensus communis, zusammen gedacht werden. Tyrann und Kind bilden nicht nur Pole des Ingeniums, sondern abverlangen ihm wesentliche Bestimmungen: Seine Gewaltsamkeit des Eindringens zur Hervorbringung ist Mimesis an die des Tyrannen, und die Leichtigkeit ist Mimesis an die sich selbst hervorbringende Natur des Kindes.


2.- Die Theoretisierung des Ingeniums, die Manifestation, daß es aus seiner Natur herausgetreten sei, muß zu seiner Stützung eine ‚Kunst' umfassen: die Topik [24]. Sie soll in

---

[24] E.R. Curtius charakterisiert die Topik als eine „spröde Materie" (Europäische Literatur und Lateinisches Mittelalter , S. 89). Um dennoch das Interesse des Lesers zu finden, will er sie in seinem Buch „zugänglich, wo nicht heiter darbieten". Dadurch haben wir zwar das Vergnügen, von der Topik als dem „Vorratsmagazin" der Rhetorik zu hören, müssen aber den bitteren Nachklang ertragen, daß hier nur auf äußerliche Weise dem mürben Stoff Leben eingehaucht wurde; denn Curtius schwebte eine späte, logifizierte, dogmatisierte Topik vor; mit ihrer Hilfe erst wendet er sich den frühesten Dichtungen zu, um an ihnen das Vorhandensein einer Topik aufzudecken. Dagegen sind wir durch Vicos Frühwerk auf den Entstehungsprozeß der Topik verwiesen. Nur im Durchdringen der Sprödigkeit gelangt man zu dem Lebendigen, das zu verdrängen sie erst später ausgebildet wurde. Das

die Lage versetzen, sowohl die Ähnlichkeit zu entdecken, als auch das Ähnliche nicht zu tyrannischer Identität gerinnen zu lassen, oder, Nähe und Distanz zu den Gegenständen zu bekommen und auszuhalten. Es soll eine Kunst sein, die das Anfängliche des kindlichen und schließlich jeden Verhaltens zu den Dingen betrifft und festhält.

Nach Auffassung der ‚Griechen' gilt die Topik als Kunst für das Wahrnehmungsvermögen (facultas percipiendi; Metaphysicus, S. 128).

Im ersten Kapitel war die Rede gewesen von der Einheit von Geist, Seele und Sinnlichkeit im Begriff des „animus": „Mens animi", „animi sensus". Schon dort wurden der ars percipiendi die ‚Kritik' und ‚Methode', die großen Zauberworte des Kartesianismus, untergeordnet. Beide sind wirksam bereits in der ‚Wahrnehmung; schon dieses, das erste Herangehen ist kritisch, methodisch und Grundlage für Kritik und Methode, die je nach Gegenstand sich ändern. Umschließt all dies die Wahrnehmung, dann ereilt sie - bzw. sie ist angewiesen auf - eine Vieldeutigkeit, die zudem derjenigen Vielheit und Vieldeutigkeit entspricht, die sie an ihren Gegenständen zustande zu bringen hilft.

Wohl könnte man diese Kunst eine zur „sinnlichen Erkenntnis" nennen; aber die nun folgende Schilderung der Topoi verrät wenig von einem ‚Gleiten über die Dinge' wie es der Begriff der sinnlichen Erkenntnis gewöhnlich erwarten ließe: Bei Vico geht es um die Erkenntnis dessen, was „In der Sache ist" (in res inest, Metaphysicus, S. 128). Nicht die Topoi, wohl aber die ihnen von Vico beigegebenen Begründungen als auch der

---

Verbot der Hinterfragung zu brechen, bedeutet, das von ihm Verdrängte, dem sie durch unendliche, fixierende Wiederholung widersteht, erscheinen zu lassen und der Durcharbeitung zugänglich zu machen.

Umgang mit ihnen verraten die Leichtigkeit, - nicht des Gleitens, wohl aber der ‚penetratio' des Ingeniums:

„Denn weder ist Findung (inventio) ohne Urteil (iudicium) möglich, noch auch kann ein Urteil ohne Findung gewiß sein, noch kann eine deutliche und unterschiedene Idee, wie wir sie im Geiste konzipieren, Wahrheitsnorm sein, wenn nicht alles, was in einem Sachverhalt enthalten ist und zu einem Sachverhalt gehört, durchschaut wäre! Und was für einen Grund könnte es für einen Denker geben, sich aller Momente eines Sachverhaltes sicher zu sein, wenn er nicht alle Hinsichten, unter denen ein Sachverhalt betrachtet werden kann, geprüft hätte? Dazu gehört zunächst einmal die Wirklichkeitsfrage (principio per questionem), damit man nicht über Nichts große Worte macht. Dazu gehört des Weiteren die Was-frage, damit man sich nicht nur über Namen streitet. Dazu gehört schließlich die Frage nach der Quantität, sei es in Gestalt der Größe und des Gewichts oder der Zahl; ferner die Frage nach der Qualität, und hier wären Betrachtungen anzustellen über Farbe, Geruch, Weichheit, Härte und anderes, was in das Gebiet der Tastsinne fällt.

Außerdem wäre zu fragen nach dem Wann der Entstehung und der Dauer einer Sache, schließlich auch, wodurch eine Sache vergeht. In diesem Sinne muß man die Sache in Beziehung zu den übrigen Prädikamenten setzen, und man muß sie mit allen Dingen vergleichen, die in irgendeiner Weise mit ihr in Zusammenhang stehen. Schließlich ist zu prüfen, welches die Ursachen eines Dinges sind, welches seine Wirkungen, oder was überhaupt bewirkt wird, wenn der Gegenstand der Untersuchung mit einem ähnlichen, unähnlichen, gegensätzlichen, größeren, kleineren oder gleichen in Vergleich gestellt wird". (Metaphysicus, S. 133).

Als Topoi erscheinen hier die Kategorien des Aristoteles. Doch sind sie kaum wiederzuerkennen. Außer der

Quidditas, der Washeit, bleibt keine der zehn Kategorien unangetastet. Jede wird zumindest mit der Kategorie der Relation verquickt, die sich zum Ende hin zu einem ganzen Reigen von Kriterien aufwirft: Alle Prädikamente sollen am Gegenstand versucht, alle Gegenstände mit ihm in Bezug gesetzt werden, der schließlich auch die Zeit umfassen soll: Entstehen, Dauer und Vergehen! Daher überrascht nicht, daß die Kategorie des Ortes, Topos, fehlt; denn kaum könnte ein so befragter Gegenstand an ihn gebunden erscheinen. Trotz dieser Andersartigkeit behauptet Vico, die aristotelischen Kategorien referiert zu haben, bringt also seine Kritik nicht an diesen, sondern am Umgang mit ihnen an: Wie ein Alphabet sollten sie durchlaufen, nicht peinlich verfolgt, sondern bloß ‚angerissen' werden: „Wenn aber die Prädikamente gleichsam nur als alphabetische Anhaltspunkte betrachtet werden für jene Fragestellungen, denen ein Sachverhalt untergeordnet werden soll zu dem Ziel, möglichst genau durchschaut zu werden, dann gibt es nichts, was für das Finden fruchtbarer wäre." (Metaphysicus, S. 133).

Denn Aristoteles hatte in seiner „Topik" eine sehr viel strengere Verwendungsweise der Kategorien entwickelt. Wohl nennt auch er eine Ausdehnung der Kategorie der Relation, - unter dem Titel der „Werkzeuge" der Topik, deren vier seien: „Das eine ist die Ermittlung der Sätze, das zweite die geschickte Unterscheidung der mannigfaltigen Bedeutung der Wörter, das dritte die Auffindung des Unterschiedes der Dinge und das vierte die Aufsuchung ihrer Übereinstimmung"[25]. Die Richtung dieser Fragen führt nicht auf die Gegenstände, sondern auf die Affirmation der Kategorien. Seine „Topik" ist die Lehre von der Anwendung der Kategorien im Disput, derzufolge ein beliebiger Ausgangssatz

---

[25] Aristoteles, Topik, 105a

notwendigerweise durch Verallgemeinerungen und Differenzierungen zu einem zweiten Satz führen soll, der den dadurch evident gewordenen Grund der Bejahung oder Verneinung des ersten abgibt. Die Dialogsituation zwingt dazu, den jeweiligen Ausgangssatz immer für einen partikularen auszugeben, nicht weil er willkürlich oder meinungsmäßig aufgestellt wäre, sondern weil er zu seiner Verteidigung andere Sätze benötigt, die aus ihrem höheren Allgemeinheitsgrad ihre Dignität des Verbindlichen auf das Partikulare übertragen mittels einer Deduktion, die die Notwendigkeit herstellt. Der Topos, die analysierende und synthetisierende Frage, setzt in eins, was vom Syllogismus als Gattungs- und Artverhältnis vorgegeben war.

Der Topos ist dann der Ort, der das Zur-Frage-Stehende zurichtet auf die Ordnung des Syllogismus. Aristoteles gibt zwar die Induktion, der ja Vicos ganzes Interesse gilt, an als zweite Methode[26], doch er spricht ihr lediglich die Funktion zu, dem Schluß von einem vorgestellten Besonderen auf ein vorgegebenes - und nicht: zu entdeckendes oder zu modifizierendes - Allgemeines Notwendigkeit zu verleihen, so daß „Induktion" eigentlich nichts anderes als die Umkehrung des Syllogismus meint. Dieser denn auch soll von der Topik ‚entdeckt' werden.

In dem logischen Kausalverhältnis, mit dem der Syllogismus seinen Gegenstand prägt, vermag er sich selbst wiederzuerkennen und in unablässiger Wiederholung zu affirmieren als Identisches. Der Gegenstand hat hierzu die Stellung des Anlasses für die Erinnerung des schon Bekannten und allgemein

---

[26] ebd.: „Die Induktion aber ist der Aufstieg vom Besonderen zum Allgemeinen, z.B. wenn der beste Steuermann ist, wer seine Sache versteht, und gleiches von dem Wagenlenker gilt, so ist auch der Beste überhaupt, wer seine Sache versteht."

Verpflichtenden, die keiner weiteren Durcharbeitung außer in der Klärung zum Syllogismus bedürfen. Den Widerstand des Stofflichen überwindet der Syllogismus, indem er es als „individuell" oder „akzidentiell" ausschließt, doch nicht, ohne sich in seinem „Einzelding" gerade den Widerstand zu erzeugen. Zum Anlaß verflüchtigt repräsentiert der Gegenstand nur die Kraft, durch die sich der Syllogismus aktualisieren kann. Ist Jener Impuls, so kann dieser als Wirklichkeit über ihn triumphieren.

Gerade die Disputiersituation stellt die nachdrücklichste Form dar für den Erweis des Syllogismus; denn in ihr gilt das Hauptinteresse einem solchen vorgestellten Satz, und so kann der Gegenstand - sollte gelegentlich der Erörterung seine Untersuchung nötig sein - für schon bewußtseinsmäßig, d.h. syllogisierbar ausgegeben werden: „Ein anderer Ort ist die Betrachtung der Objekte, von denen der Gegner behauptet hat, daß ein Attribut entweder ihnen allen oder keinem zukommt. Man muß sie nach Arten, nicht in den Individuen prüfen, die ja ohne Zahl sind. So verläuft die Untersuchung methodischer und verliert sich nicht ins Weite. Man muß aber mit der Prüfung der obersten Klassen anfangen und von da bis zu den nicht weiter teilbaren Arten fortschreiten".[27]

Hier zeigt sich, wie nur durch die Hebung des - noch nicht einmal wahrgenommenen, sondern allenfalls als syllogistisch prädeterminiert wahrzunehmenden - Gegenstandes zur „Art" der Gegenstand seine Einzelheit verlieren kann.

Die Topik schneidet mit ihren „Fragen", die selber bereits Begriffe des Syllogismus enthalten, die Vordersätze in syllogistisch erfaßbare Komponenten, deren implikatives wenn/dann-Verhältnis zum Syllogismus es gestattet, bei

---

[27] Aristoteles, Topik, 109 b

beliebigem „Wenn" eine Unzahl „Dann" notwendig folgen zu lassen, indem die Folgesätze schließlich nur ein „Wahr/Falsch" zulassen, verliert der Ausgangssatz seine Wahrscheinlichkeit.

Die Topik dient also nicht dazu, Wahrscheinliches - Meinungen, Gegenstände -, sondern Wege zu finden, um das Wahrscheinliche als ein Wahres oder Falsches überführen zu können[28]. Sie erstreckt sich nicht auf den

---

[28] Sowenig dem „Wahrscheinlichen" in der aristotelischen Topik Recht gelassen wird, sowenig beinhaltet es den „Gedanken", den Lothar Bornscheuer an ihm „ernstnehmen will", es gebe so etwas wie „ein aus dem Alltagsdenken und den Problemen der Alltagspraxis erwachsendes allgemeinverständliches inventorisches Forschungsverhalten". (L. Bornscheuer, Topik, S. 93) Bornscheuer möchte unter dem Titel der „Topik" „'Einbildungskraft' als Moment der allgemeinen soziokuiturellen Praxis reflektieren"(9) und erkennt deshalb an ihr eine „experimentell-kombinatorische Struktur" (11), die er gewissen „Strukturphänomenen" (12) der zeitgenössischen Literatur entnimmt, also „alle ungewohnten, experimentellen Formen der ästhetischen Zuordnung von Heterogenem: des Kaleidoskopischen, der Assoziation, des unvermittelten Perspektivenpluralismus und Standpunktwechsels, der Parataxe, Häufung, Mischung, Montage, Collage, Schnitt-Technik, der Aleatorik oder ausgesprochen schematischer Variationsformen wie der Inversion, Duplikation, Elimination, Permutation usw."(11) Die Topik sucht er unter der Frage: „Entspringen die ‚kombinatorischen' Sprach- und Literaturphänomene einer völlig willkürlichen bzw. rein technischen Generierung oder kommt ihnen doch ein ‚Ausdruckswert' zu, eine, wenn auch unbewußte, soziokulturelle Tiefenstruktur, zu deren Verständnis allein noch das rechte hermeneutische Vermittlungsmodell fehlt?"(12). Offensichtlich ist Bornscheuer resigniert vor der Möglichkeit, das Verbindliche in dem, wozu die Kunstwerke gemacht wurden, zu suchen. Das Methodische, das er aus der Kunst filtert, gilt ihm für das, was das in der Tiefe Kollektive der Gesellschaft repräsentiert. Das Methodische an der Kunst ist aber die Seite ihrer Mimesis an die Rationalität, durch die deren Zweck als irrationaler festgehalten wird. Als Mittler ist Topik jeweils eine andere. Soviel als nicht sie, sondern ihr Gegenstand, das Verdrängte, in der ‚Tiefe' liegt, sowenig darf sie im Kunstwerk erscheinen. (Siehe unten den „Exkurs über Leichtigkeit"). Jedes Kunstwerk dürfte deshalb sich den von Bornscheuer aufgereihten Methodenbegriffen

Anfang, sondern wendet sich gegen ihn. Fast klingt es deshalb wie eine Kompensation für die Entmächtigung des Anfangs, wenn Aristoteles, - ausgerechnet in der „Topik" - die Größe allen Anfangs rühmt; sie gilt nicht dem Anfang als Gegenstand der Topik, sondern der Erfindung der Topik selbst[29]. Die alles Fortschreiten bestimmende Gründertat mit der ihr zu eigenen

---

entziehen.

Die aristotelische Topik gilt ihm für „eminent vorwissenschaftlich, nichtspezialistisch" (23), auf der alle inventio gründe: Sich mit ihr zu beschäftigen, bedeutet ihm, „wieder einen verschütteten Grundriß einer intersubjektiven Problemphantasie ins Bewußtsein zu heben" (23). Entsprechend mochte er den Syllogismus „ganz unspezifisch" verstehen „als vorwissenschaftliche Problemreflexion, Argumentation, Urteilsbildung und Schlußfolgerung" (26), was mit dem „logisch-deduktiven ‚Syllogismus'-Begriff der ‚Analytiken' wenig zu tun" habe. Die ‚Struktur' verwechselnd mit dem Lebendigen, verschafft er sich die Möglichkeit, der aristotelischen Topik einen „bunten Perspektivenwechsel" (33), ein „Unschärfeprinzip" (33) abzugewinnen, - die ein „einfallsreiches Alternativdenken" (35) zeige und stimuliere. In seiner spontaneistisch chiquen Deutung steht die Topik anstelle einer über der großen Lust an der Buntheit verlorenen ‚Tiefenstruktur', die er nun selbst in Gestalt der zwanghaften grauen Lehre des Aristoteles, plötzlich wieder entdeckt und ebenso bunt findet, wie das Leben an der Oberfläche. Die Topik dient hier bloß als existentiell aufgeladene Angebotsliste für Selbstmanipulationen und Veranstaltungen, in denen man über den Zwängen tänzelnd sich bewegt; auf diese einzuwirken gelingt offenbar nur, sofern und soweit man sie vielfarbig umkleidet und widerstandslos das Beste daraus macht.

Auch wenn Aristoteles erst in der ‚Analytik' den wissenschaftlichen Syllogismus entdeckt, so bedeutete dies nicht, daß der in der „Topik" erwiesene nicht ebensoviel „syllogistischen Zwang" (Ingmar Düring, „Aristoteles", S. 37) ausübe, zumal beide unter dem Eindruck der „Kategorien" stehen.

[29] „Ist ja doch der Anfang vielleicht das größte Stück des Ganzen, wie man sagt, und darum auch das schwierigste je stärker es ist dem Vermögen nach, desto kleiner ist es an Umfang und darum auch desto schwerer zu erkennen. Ist der Anfang aber gefunden, so ist es leichter das Fehlende zu ergänzen und nachzuholen." Aristoteles, Topik (Sophistische Widerlegungen) 183 b.

ingeniösen Unschärfe ist nicht ‚Erfindung' oder ‚Meinung', sondern die Topik als die Methode, beides zu negieren.

Für Vico ist die Topik nicht das Mittel zur Bestätigung und Anwendung von Erkenntnissen, sondern Mittel zu deren Entdeckung. In der Ausrichtung auf ihren Gegenstand aber verläßt sie die Stellung als Mittel, so daß ihre Topoi schließlich selbst zu Erkenntnissen werden. Diese für die Topik notwendige Bindung an die Dinge erklärt die Kargheit von Vicos Äußerungen über sie. Erst seine „Scienza Nuova" ist eine Darstellung der Topik, da erst sie den eigentlich interessierenden, wesentlichen Gegenstand, die res humana und ihre Genese aufweist [30]. Die Nähe zum Gegenstand und die ihm sich anmessende Variabilität der Topoi, - wie sie schon im ‚lesbischen Maß' gefordert war - beschreiben aber nur die Seite der bei sich gelassenen Äußerlichkeit der Dinge, in der noch keine Einheit von „mens" und „sensus" in der von „verum" und „factum" sich anzeigen konnte. Letztlich nicht zur Anmessung, sondern zur Hervorbringung durchs Ingenium ist Topik das Mittel - die Kunst des Sehens wie die des Bogenschießens -, das weitauseinanderliegende Ähnliche zu treffen. In der Topik hat der Begriff des ‚Argumentes' nicht die Bedeutung von: „'Anordnung für einen Beweis', wie man gewöhnlich meint, und was die Lateiner ‚Argumentation' nannten. In der Topik versteht man unter ‚Argument' vielmehr jenen ‚dritten Begriff' (terza idea), den man auffinden muß, um die zwei in der Problemstellung vorgegebenen Fragen zu verbinden.

---

[30] Wegen der engen Bindung der Topik an Tradition, stellt die Geschichte als ihr Gegenstand keinen beliebigen dar; in der Geschichtsphilosophie Vicos, so dürfen wir vielleicht behaupten, reflektiert sich die Topik selbst.

Diesen Begriff nennt man in den Schulen den ‚Mittelterm‘. So verstanden ist die Topik die Kunst, den ‚Mittelterm‘ zu finden. Aber ich sage noch mehr: Topik ist die Kunst der Wahrheitsfindung (l‘arte di apprender vero), sie ist die Kunst, in einem zur Erörterung vorgelegten Sachverhalt aufgrund einer Übersicht über alle topischen ‚Örter‘ alles das zu erkennen, was in dem Sachverhalt verborgen liegt; es ist die Kunst, den Sachverhalt genau zu erfassen und einen ihm adäquaten Begriff (concetto) zu bilden. Die Falschheit von Urteilen nämlich kommt nur daher, daß die Ideen die Dinge, so wie sie sind, nur mehr oder weniger genau zur Darstellung bringen. Deswegen können wir gar nicht sicher gehen, hinsichtlich dessen, was die Dinge in Wirklichkeit sind, wenn wir nicht einen zur Untersuchung anstehenden Sachverhalt vorher mittels aller geeigneten Fragestellungen eingekreist haben, die an diesen Sachverhalt überhaupt herangetragen werden können.“ (Metaphysicus, sec. risp., S. 248f)

Das Ähnliche, das mittels der Topik gefunden werden soll, besteht in zweierlei Paaren: „le due della questione proposta“, das aus zwei Seiten sich zur Spitze versammelnde, ‚scharfe‘ Argument, die Relation, in die es seinen Gegenstand zu Anderem, Worten, Dingen bringt; das zweite Paar sind die zur Ähnlichkeit auseinandergedrifteten, die Wahrnehmung verfälschenden Urteils-ldeen, die die Dinge nicht mehr angemessen ‚repräsentieren‘ können. Gelingt es der Topik, ein adäquates Repräsentationsverhältnis in Gestalt einer durch eine vom Ingenium zustande gebrachten „terza idea“ wieder herzustellen, so ist sie „l‘arte di apprender vero“ und nicht bloß ‚ars percipiendi‘, bzw.: ‚ars percipiendi‘ wäre rehabilitiert als Kunst, „mens“ und „sensus“ zugleich zu umfassen.

3.- Von der Gewinnung dieser „terza idea" durchs Ingenium soll nun die Rede sein. Soweit das Ingenium weitauseinanderliegendes Ähnliches verbindet, erweckt es zunächst den Anschein, als blicke es auf eine vorgegebene Vielheit von zu vereinigenden Dingen. Doch das Ingenium kann sein Werk nur verrichten, wenn die Vielheit nicht vorgegeben, sondern von ihm hervorgebracht worden ist und wenn es sich seinerseits im gleichen Zug, gegenteilig zur Bewegung der Dinge, anschmiegt, also wenn seine Mimesis an die Dinge dem sowohl von ihm selbst an ihnen als auch von ihnen untereinander initiierten Prozeß der Diversifizierung gilt. Die Vielheit der Topoi ist Mimesis an die der Dinge, daß sie an ihnen zustande kommen möchte, um sich der Entdeckung des Tertiums zu eröffnen. Die Verschiedenheit der sinnlichen Wahrnehmung, die in der Gestalt der Topoi die Qualität des Bewußten erlangt, die Vielheit der ‚Questiones', traktieren das in seiner Nähe als monolithisch Dingliches oder eindeutig Wahres Verschlossene zur Vielheit, bis es zum Vergleich mit ‚allen anderen Dingen', „die in irgendeiner Weise mit ihm in Zusammenhang stehen" tauglich geworden ist.[31]
Die Verschiedenheit ist nichts Vorgegebenes, ebensowenig wie das Chaos. Die Begriffe von Ähnlichkeit und Verschiedenheit sind keine sich korrespondierenden Gegensätze, sondern stehen beide im Widerstand gegen ununterschiedene Einheit; gegen deren Verharren sind sie hervorbringend. Das Verschiedene ist ein Ähnliches und kann nur als dieses zur Kenntnis und Konstruktion der neuen Dinge führen. Die geometrische

---

[31] Metaphysicus. S. 133

Methode bietet zur Analyse der Natur keine Ähnlichkeit; deshalb ist sie bloß das als Identität Verschiedene, das sich selbst in seinem Gegenstand wiederfinden möchte.

Die Ähnlichkeit des Verschiedenen dagegen bedeutet dessen ‚Anmessung' an die Natur. Das Verschiedene bleibt sich nicht selbst gleich bei der Analyse der Sache: Seine Veränderung ist die ihrer. Diese bringt jene und jene diese hervor. Dinglich wird der Topos, das Tertium, topisch die Sache. Mimesis an die Sache ist Topik zugleich eine an den Begriff. Galt diese Feststellung bereits für Vicos Verschiebung und Ausweitung der aristotelischen Kategorien, so zeigt sich im Folgenden, wie sehr die Topik an Gewicht zunimmt und schließlich die kartesische Kritik ersetzen kann, weil sie, ausgestattet mit der Kraft des Ingeniums, auch das der ansonsten nur der Kritik als möglich vorstellte Werk der Diversifizierung der Dinge übernehmen kann. „Die Topik findet und sammelt; die Kritik unterteilt und scheidet aus dem Gesammelten aus" (La topica ritruova ed ammassa; la critica dall'ammassato divide e remuove; Metayphsicus, sec.risp., S. 254). Doch hier (im Kommentar zum „Metaphysicus") referiert Vico lediglich eine traditionelle Reihenfolge von Topik und Kritik, die er im „Metaphysicus" selbst nicht aufrecht halten wollte: „Eine topische Untersuchungsweise, die alle nur möglichen Fragehinsichten durchlaufen hat, wird selber eine kritische Untersuchungsweise werden" (Per omnes versasse topica ipsa critica erit, Metaphysicus, sec.risp., S. 132). Die Topik kann die Kritik ersetzen, weil die unter ihrer Leitung sich nach allen Hinsichten ausdehnende Untersuchung zugleich eine mit allen Hinsichten eindringende, unterscheidende ist (also: ‚ritruovare', ‚ammassare' und ‚dividere' Eines sind) und die von der Kritik sich angemessene Geistmäßigkeit hereingenommen ist in die ingeniöse Wahrnehmung, die sich ihren Gegenstand ‚macht', um dessen

Repräsentationsverhältnis, Wesen und seine ähnlichen Erscheinungen, mit der eigenen, vom Urteil verfälschten Idee bezüglich des Dinges - in eins zu setzen in der „terza idea".

4.- Die Untersuchung der Dinge „nach allen Hinsichten" betrifft die „Umstände". Das Bewußtsein bedarf, um sich auf sie einlassen zu können, einer gewissen Formlosigkeit, die ebenso wie die Form Voraussetzung des Eindringens ist. Zu zeigen, wie aus dem Wechselverhältnis von Form und Formlosigkeit das Urteil als „terza idea" entsteht, erklärt dann sowohl die Eigentümlichkeit des Topos, aus Form und Formlosigkeit synthetisierte Idee zu sein, als auch die Fähigkeit der „Topik" zur Aneignung der „Kritik".

Vicos Auseinandersetzung mit dem Formbegriff beginnt mit einer apodiktischen Ineinssetzung von „Form'" und „Individuum": „Formen sind Individuen" (formae individue sunt, ebd. S. 58). Als Prinzip wird sie an den Künsten der Rede, Politik und Medizin gewonnen und schließlich für alle Künste und Wissenschaften proklamiert. Sie zeichnen sich dadurch aus, daß „... der Mensch keine Form der Dinge, die der Mutmaßung unterliegen, in sich trägt". (Metaphysicus, S. 59). Die anfängliche Formlosigkeit ihrer Gegenstände verweist die Wissenschaften darauf, vom einzelnen auszugehen. Dieses aber ist für Vico gerade das, in dem sich Hervorbringung ereignen kann: Die experimentelle Physik etwa, die mit naturähnlichen Mitteln wie Feuer, Werkzeug, Maschinen und Instrumenten Herstellerin von Dingen wird, „die den besonderen Werken der Natur (also nicht dem Allgemeinen, d.h. den Gesetzen, Anm. d. Verf.) ähnlich sind"; Metaphysicus, S. 61, verdankt ihren Erfolg dem Umstand, daß die Natur, sich dabei selber realisierend, aufgespalten hat in Einzeldinge, an deren

‚perfectio' die Wissenschaft teilhaben kann. Sofern die physikalischen Einzeldinge nicht aus der Art und Bewegung der Natur heraustreten, dürfen sie als ‚vollkommen' gelten, denn „Welche Einzelform auch immer die physische Materie hervorbringt, sie bringt sie als die beste Form hervor", Metaphysicus, S. 63. Auch die Redner sollen dem ciceronischen Diktum gemäß „am Besonderen hängen", die letzten Bedingungen, „Die letzten Ursachen und Umstände der Tatsachen" (Metaphysicus, S. 61) behandeln und die anhängige Sache zuerst nach dem Grundsatz der Billigkeit und der möglichen Ausnahmen von den universalen Gesetzen untersuchen. Die Historiker, „die die entscheidenden Randbedingungen verfolgen und die besonderen Ursachen aufdecken, vermeiden krude Fakten und im Allgemeinen verbleibende Zusammenhänge (genericas causas)", (Metaphysicus, S. 61). Und auch wenn die Künste imitieren, besteht dennoch ihre Originalität in der Anwendung „von neuen und unerwarteten Umständen", (Metcaphysicus, S. 61), wodurch die Kunstwerke sich gleichsam vom Abbild ins Urbild wandeln können. Der Weise schließlich bedarf vielfältiger Einzelerfahrungen, „damit er klare Bilder von neuen Sachverhalten in sich aufnehmen kann, und zwar so, wie diese Sachverhalte in sich selber sind", Metaphysicus, S. 61.

In all diesen Fällen sind die „Umstände" nicht nur das am Einzelding Erkennbare, sondern auch das, was mit allen anderen Einzeldingen in Beziehung setzt, so daß eine gewisse „amplitudo", - die Vico zugunsten der „perfectio" vom Formbegriff ausschließt[32] - dennoch Eingang findet. Als Beziehung selbst steht der

---

[32] Metaphysicus, S. 57. „Demgemäß waren notwendigerweise die alten Philosophen Italiens der Ansicht, die Gattungen seien nicht hinsichtlich ihres Umfangs (amplitudo), aber hinsichtlich ihrer vollkommenen Unendlichkeitsformen" (Metaphysicus, S. 57).

„Umstand" für das Wesen der Einzelheit des Dinges, deren Negation er ist. Reflexion auf diese Beziehung - ihr direktes Äquivalent im Bewußtsein - gewinnt dabei die Bedeutung der Beziehungs- oder Urteilskraft. Vor solcher Gründerleistung der Formlosigkeit für die Urteilskraft kann die Beziehung allgemeiner Begriffe auf Gegenstände nur ein geringes, wenn nicht gar schädliches Gewicht besitzen. „In allgemeinen Worten zu sprechen, ist die Eigenart der Kinder oder der Ungebildeten", (Metaphysicus, S. 62). Die Berufung auf das gesatzte Recht oder auf die Autorität der allgemeinen Rechtsnorm würde in der Jurisprudenz zum Irrtum führen, weil die auf die Besonderheit zielende Deutungsanstrengung für den Tatbestand ignoriert würde; so wenig der Fall die Norm ist, so wenig kann er mittels jener anstatt der Besonderheit des Tatbestandes entschieden werden. Der Medizin würde ihr System lieber sein als die Heilung der Kranken. In praktischer Lebensführung würde man sich als „thematikos" zeigen, und berechtigt sei die Frage, „ob eher Allgemeinbegriffe die Philosophen in Irrtümer stürzen, als Sinneswahrnehmungen Ursache sind für falsche Überzeugungen oder Vorurteile", (Metaphysicus, S. 62). In allen Wissenschaften zeigt sich die Gefahr von Allgemeinbegriffen, Homonymien oder Äquivokationen. Begriffe wie „gerecht", „gesund", „krank", „nützlich", sind nicht definiert und geben deshalb Anlaß zu ewigem Streit.

An dieser Kritik fände sich nichts Ungewöhnliches, würde Vico nicht der kritisierten Fixierung auf Allgemeinbegriffe doch ein Bedürfnis nach Form entnehmen, das bei der Konstitution der Urteilskraft zunächst für hinderlich gehalten wurde; denn verbliebe sie in der Formlosigkeit, so wäre sie aller Willkür preisgegeben und gerade nicht in der Lage, „formae individuae" zu erfassen.

Machte die Besonderheit der Beziehung das Wesen der Einzelheit des Individuums aus, wodurch die auf diese Beziehung sich beziehende und als diese einzig in sich gültige formlose Reflexion die Urteilskraft werden konnte, so erzwingt sie zugleich eine Wandlung von Formlosigkeit in Form, die sie - umgekehrt - an der Besonderheit des Individuums als das Wesen der Beziehung findet und als „Gattungsbegriffe oder einfache Ideen der Dinge" ausbildet. In zweierlei Richtung kathartisch wirken diese Formen durch die in ihnen aufbewahrte Formlosigkeit: „damit der Geist, indem er Gattungsbegriffe bildet, gleichsam formlos wird, um desto leichter die Formen des Besonderen sich aneignen zu können", (Metaphysicus, S. 61). Zunächst geht dies gegen die Einzelheit des Individuums, wie sie für die anfängliche Konstitution der Urteilskraft nötig gewesen war. Die Reflexion auf die Einzelheit erweist sich nunmehr als heilloser Empirismus, den die genera überwinden sollen, „denn die bereits geformte Sache vermag nur schwer einer anderen geformten Sache angepaßt zu werden" (ebd. S. 61 f.). Schließlich zeihen die Formen die Allgemeinbegriffe der Unwahrheit, indem sie mit einem - durch Reflexion die materiale Form auf das Besondere beziehenden – neu gewonnenen Begriff des „certum" aufwarten als eines „Erforschten und Unzweifelhaften und Besonderen, das dem Allgemeinen gegenübersteht; ... so daß nach ihrer Meinung gleichsam das nur Allgemeine falsch ist, wahr hingegen die individuellsten Erscheinungsweisen der Dinge", (Metaphysicus, S. 64).

Kompliziert ist eine solche Wahrnehmung nur in der Reflexion über sie, nicht in der Reflexion mittels ihrer; hier vielmehr lockt sie mit Einfachheit, ‚simplicitas', die nicht eine präfigurierte und figurierende Klarheit meint, sondern vielmehr die Seite der Formlosigkeit, durch die die Form angesichts der Gegenstände lediglich für

‚angerissen' vorgestellt werden muß. ‚Einfachheit' wäre dann das sich methodisch realisierende Äquivalent zur Leichtigkeit (leggerezza).

# IV. Die Idee

Die Findung und Erzeugung der „terza idea", zu der die Topik nicht nur verhilft, sondern die ihre Topoi bildet, legt nahe, die Bedeutung einer Topik als Kunst, „ars" zu untersuchen, in der sich nun Topoi wie Tertia als Kunstwerk entpuppen. Im Hinübergleiten von der Topik zur Kunst, können wir zugleich die bisherigen etymologischen Bindungen lösen und deren Früchte ernten.

1.- Für Vasari stellt das „Disegno" den Prototyp der Kunst dar: „Die Zeichnung, der Vater unserer drei Künste schöpft aus vielen Dingen ein Allgemeinurteil, gleich einer Form oder Idee aller Dinge der Natur, die in ihren Maßen überaus regelmäßig ist ... . Und da aus dieser Erkenntnis ein gewisses Urteil entspringt, das im Geiste die später mit der Hand gestaltete und dann ‚Zeichnung' genannte Sache formt, so darf man schließen, daß diese ‚Zeichnung' nichts anderes sei, als eine anschauliche Gestaltung und Klarlegung jenes Gedankens, den man im Sinne hat und den man im Geiste sich vorstellt und in der Idee hervorbringt."[33]
Vasari schildert hier, was sich als die Seite der realen Synthesis an Vicos Begriff des Ingeniums wiederfindet. Das ‚Schöpfen aus vielen Dingen' meint sowohl die erfahrende Wahrnehmung - entgegen einer inspiratorischen, inneren Idee - als auch den Akt der ‚electio' und ‚compositio' von Einzelheiten zu dem Vollkommenen, ‚Regelmäßigen', das der Natur

---

[33] Giorgio Vasari, „Viten" 1. S.168

inhärierte. Die Geistmäßigkeit der Idee gründet auf der in ihr zustandegebrachten Vollkommenheit; die Idee erscheint hierin als ,Verlängerung' der Wahrnehmung in den Geist. So ist es richtig, wenn Erwin Panofsky an Vasaris Disegno-Begriff hervorhebt, Idee bedeute nun nicht mehr einen gegebenen Inhalt, gar einen transzendentalen Gegenstand der menschlichen Erkenntnis, sondern das „Produkt" beider, oder: „Derivat der wahrnehmbaren Wirklichkeit"[34]. Doch vermag die Idee nur so weit Produkt sein, als ihr eines zur Seite steht. Vasaris „Hervorbringung in der Idee" fordert deren Verkörperung. Dem Geist verbleibt die Idee nur flüchtig; um sie festzuhalten bedarf er des Disegno.

Panofskys Interesse am Ideenbegriff verleitet ihn dazu, sich hauptsächlich auf deren Entstehung, nicht aber ihre Angewiesenheit auf Verkörperung zu beziehen. Damit teilt er die Auffassung der Renaissance: „Der Ausdruck (Idea) bezeichnet ... jedwede künstlerische Vorstellung, die, im Geiste entworfen, der äußeren Darstellung vorangeht, und kann geradezu auf das hinauslaufen, was wir als ,sujet' oder ,Vorwurf' zu bezeichnen pflegen"[35]. Im sujet ist unschwer das Tertium Vicos wiederzuerkennen, doch ohne daß seine Figur der ,penetratio', der zum Tertium erst hinführenden Leistung, bei Panofsky oder Vasari Erwähnung gefunden hätte.

Es wird sich zeigen, wie gerade diese Figur einen späten Versuch darstellt, die vasarische Disegno-und Concettoauffassung festzuhalten, nachdem die Einheit von Natur und Mensch nicht weiter Bestand haben konnte.

Diesen Bruch konstatiert Panofsky an der Entstehung eines „selbstherrlich-konzeptualistischen Denkens[36] im

---

[34] Erwin Panofsky, Idea, S. 34
[35] ebd., S. 37
[36] ebd., S. 46

Manierismus, demnach der „concetto", der noch bei Vasari gebunden war an seine Vermittlung von Geist und Gegebenem, nunmehr - in Annäherung an die mittelalterliche Auffassung - in den Geist verlegt wird, „so daß man in der Zeichnung ein ‚lebendiges Licht‘ und ‚inneres Auge‘ des Geistes verehrt"[37] und alle Kunstwerke nur als „äußerlich-technische Realisierung des unmittelbar im Geiste erzeugten Disegno" auffaßt. Da man zu dieser Zeit aber weiterhin an der Allgemeingültigkeit des Concetto festhält, stellte sich zum ersten Mal die Frage, „wie es dem Geist überhaupt möglich sei, sich eine solche innere Vorstellung zu bilden". In der Leugnung von Tradition und Regel weitet sich der konzeptualistischen Auffassung diese Frage zu der Frage nach dem „Verhältnis des Geistes zur sinnlich gegebenen Wirklichkeit"[38].

Im Versuch der Überwindung des sich hier auftuenden „Abgrundes" durch „philosophische Spekulation" findet Panofsky Amt und Vorläufer seiner Wissenschaft: Die theoretische Legitimation der ‚inneren Vorstellung‘ als allgemeiner.

2.- Im Bewußtsein des von Panofsky konstatierten Bruches versucht der junge Vico, den vasarischen Begriff des „concetto" zu erneuern. Die bisherige Vertracktheit von Vicos Ideenlehre gründet auf der zunehmend empfundenen Unmöglichkeit, den Begriff der Idee am Verhältnis von Subjekt und Objekt zu gewinnen. Deutlicher wird der Ideenbegriff, wenn man ihn am Begriff der Gesellschaft gewinnt; denn auch sie besteht in einem Verhältnis, das zur Grundlage ihrer (Selbst-) Hervorbringung dient und das Vico paradigmatisch in

---

[37] ebd., S. 45
[38] ebd., S.46

dem von Redner und Publikum faßt[39]: Der „sensus communis" ist die beiden Teilen mehr oder weniger deutlich zugrunde liegende Idee (die die Vorstellung eines in der Natur verborgenen Gesetzes kompensiert.) In jeglicher menschlichen Handlung verkörpert sich diese Idee. Da nicht nur die Natur, sondern auch die Gesellschaft als Bewegtes anzusehen ist, läßt sich deren Idee nicht am Ist-Zustand der Gesellschaft ablesen, sondern muß deren Geschichte einbeziehen. Geschichte, ihre Daten und Ereignisse, haben für die Wissenschaft jetzt dieselbe Stellung, wie Naturerscheinungen. Derjenige, der die Geschichte ‚kennt' (noscere,- wie man auch die Natur nur ‚kennen' kann), bekommt nun eine deutlichere Vorstellung von der Idee.

Aber auf welche Weise ‚kennt' er die Geschichte? Sie stellt den Stoff seiner Wahrnehmung dar. Dieser Stoff besteht in Worten, in denen sich die Idee verkörpert hat und - gemäß dem eigenen Prinzip der Bewegung - sich forttreibend verkörpert. Die Idee, die sich derart in den Worten ‚eduziert' - wie Natur und Conatus sich in der Materie ‚eduzieren' - da ihr Prinzip der den Dingen gemäßen Lebendigkeit nach unablässiger erneuernder Wiederverkörperung verlangt; da gegen die Idee keine Aneignung der Geschichte möglich ist, muß derjenige, der mit ihr umgehen will, sich ihr ‚anschmiegen'. Und err muß die falsch gewordenen Verkörperungen durch wahre ersetzen, - im Akt ingeniöser ‚penetratio'. Die zur Ähnlichkeit auseinander gedrifteten Worte muß er komprimieren zu derjenigen Einheit, als die sie wahre Repräsentanten der Idee gewesen waren. Der Prozeß, in dem sich die Idee von innen nach außen ‚eduziert', wird

---

[39] Später, in der „Scienza Nuova", findet Vico dieses Verhältnis in dem von Klassen, vermutlich, weil ihm der sensus cornmunis nicht mehr für die Einheit der Gesellschaft vor der Idee bürgen konnte. ...

vom Ingenium im „Umkreisen" (raggirare) und „penetrare", in gegenläufiger Bewegung - „inductio" - , erneuernd rückgängig gemacht. Dieses Amt verrichtet Vico mit seinen etymologischen Studien, deren Vorgehen jetzt als verbindlich für jeden, der sich mit Geschichte beschäftigt, angesehen werden kann. Dabei geht es nicht um die Erkenntnis der Idee, sondern um die Gewißheit, sie bei allen Handlungen ‚hinter sich' zu verspüren (siehe Cesare Ripas „Flügel") und sich ihr in einer gewissen Formlosigkeit zu öffnen, um ihr Bedürfnis nach Verkörperung mit dem eigenen der freigewordenen, freigebliebenen Affekte zu erfüllen in der Vereinigung beider. Die Idee erscheint nun angereichert mit Affekten.

Vicos Etymologie, die sich als Vereinigung der Worte versteht, ist eine Vorleistung für die Entwicklung der Gesellschaft, innerhalb derer nun der ‚Kenner' der Worte und Geschichte eine bedeutende Rolle spielt: der Redner. Erst im Zusammenhang zwischen ihm und dem Publikum stellt sich die wahre Repräsentation der Idee ein, so daß ‚Etymologie' erscheint als die auf diese Repräsentation zurichtende Erprobung der Erneuerung der Idee. Erst im gesellschaftlichen Verhältnis führt der Redner sich und das Publikum zur Erkenntnis, indem er zusammen mit diesem die Verkörperung der Idee ‚macht'.

3.- Der Blick des Jägers - Rhetors - in Cesare Ripas Darstellung des Ingegno, war im Ersten Kapitel gedeutet worden als Veräußerlichung des Inneren der ‚Beute' - des Publikums -. Diese Umwälzung bezeichnete die eine Seite der Mimesis, nämlich Veräußerlichung in der Miene. Die irrenden Affekte hier, der stiere Blick dort. Damit aber ist noch nichts hervorgebracht. Der Redner verbleibt in der Verähnlichung. Die andere Seite der Mimesis bildet die Identität, wie Mimesis sie hervorbringt. Was also kommt zustande im weiteren

Verhältnis zwischen Redner und Publikum? Mit dieser Frage haben wir das Zentrum der hier vorgelegten Untersuchung erreicht:

„Bei den Göttern, schon Cicero ist konfus, unbegründet und verworren (confusus, inconditus, perturbatus): und auch bei ihm bewundern bis heute höchst gelehrte Männer eine so große Ordnung und derartige Sorgfalt im Aufbau der Rede, daß sie entdecken, wie das erste, was er sagt, sich gleichsam selbst entfaltet (se pandere) und das folgende stützt (excipere: herausfangen), so daß es den Anschein hat, daß alles das, was er an späterer Stelle ausführt, nicht so sehr von ihm gesagt werde, sondern geradezu aus den Sachverhalten selber sich ergibt (ex rebus ipsis prodire et fluere videantur). Beim Herkules, was ist der ganze Demonsthenes anderes als ein einziges Wortspiel (hyperbata: Wortversetzungen), wie Dionysius Longinus richtig bemerkt, der als der urteilsfähigste aller Rhetoren gelten kann. Wozu ich hinzufügen möchte, daß in der verworrenen Redeanordnung des Demonsthenes die ganze Kraft des Redens in Gegensätzen (entymematica dicendi vis) katapultartig (vis catapulta) ausgespielt wird. Er pflegt nämlich ein Argument vorzulegen (proponit argumentum) und den Zuhörer aufmerksam zu machen (moneat) auf die Angelegenheit, über die er sprechen will (qua de re agat); sehr bald aber schweift er zu einer Sache ab (excurrit), die mit der zuerst erwähnten nichts gemein zu haben scheint, um seinen Zuhörer abzulenken und gleichsam zu befremden (alienet ac distrahat). Schließlich fügt er zwischen das, was er behauptet und das, was er zur Unterstützung seiner Behauptung heranzieht, einen verbindenden Vergleich, um die Blitze seiner Beredsamkeit nachhaltiger zu entzünden, je unerwarteter sie kommen", Metaphysicus, S. 130.

In der „vis catapulta" klingt abermals die „vis cunei" an, die wir als Kraft und Wirkungsweise des Ingeniums gezeigt haben.

Der Redner, hier ein Komposit aus Cicero und Demonsthenes, beginnt mit einem Argument, „proponit argumentum". Dies heißt nicht bloß, daß er dem Publikum klarmacht, worüber er sprechen möchte, sondern „moneat", er erinnert es, mahnt, erinnert an das, was gewesen ist und mahnt an das, was sein soll; diese erste ‚Doppelschneidigkeit' des Argumentes wird bloß ‚gezeigt' und stellt allenfalls ein Moment der Überraschung her. Das Argument beginnt nun, seiner ‚Doppelschneidigkeit' entsprechend, sich auf doppelte Weise zu realisieren. In der Durcharbeitung entfremdet sich das Argument von sich selbst: „Es scheint mit der zuerst erwähnten Sache nichts weiter gemein zu haben" und führt also vor, was der Zuhörer in sich selbst nachvollziehen soll: „Ablenken und Entfremden". Im Zuhörer entsteht der Eindruck, der Willkür des Redners ausgeliefert zu sein. Doch die Verwirrung soll die falschen Verkörperungen der Affekte auflösen und eine gewisse Formlosigkeit im Zuhörer zustande bringen; sie hat die Funktion der Reinigung, die auf das Erscheinen der Idee vorbereitet.

Die Selbstentfremdung des Argumentes besteht in „hyperbati": Wortversetzungen, gegensetzenden Verschiebungen der Worte. Diese machen den ‚Reichtum' der Rede aus. Es sind die ‚vielen Hinsichten', die jeweils ‚Umstände' benennen, und jede von ihnen läßt das Argument ein anderes werden. Im unablässigen Berühren und Ablassen von Dingen, gejagt von sämtlichen Hinsichten, gerät es in Schwingung, in der es die Stufe der Gegenwärtigkeit erreicht, die es selbst schon als ‚Zuspitzung' von Vergangenheit und Zukunft beansprucht hatte. In der Diversifikation diversifizieren sich im Zuhörer die falschen Verkörperungen, die selber schon Diversifikationen waren. Sowie das Argument in der Durcharbeitung seiner selbst mittels der vielen Hinsichten seine res umkreist und zur Vielheit traktiert, im „raggirare", löst es sich vom Redner (Ripas „Losschnellen des Pfeils"), „se pandere", entfaltet, öffnet sich; die Willkür des Redners ist vergessen, so daß nun alles weitere „aus den Sachen selber zu strömen scheint". Dieses Weitere ist das „secunda", das vom Argument ‚herausgefangen', ‚aufgefangen' („excipere") wird; .das Argument vermag dies, weil es in seiner Durcharbeitung zu einem anderen geworden ist. „Schließlich fügt er zwischen das, was er behauptet und das, was er zu seiner Unterstützung heranzieht (ad extremam similem rationem) einen verbindenden Vergleich". Das, was in sich und im Zuhörer Entfremdung hervorrief, erscheint wieder als Tertium der versöhnenden Wiederverkörperung, indem das, was sie bei ihrem „raggirare" schließlich in „penetratio", aus der res gewinnt, quasi wie einen Funken ‚herausfängt', ‚auffängt', die Idee ist, die nun mittels und im Tertium wie ein Blitz aufscheint, „fulmina cadant", „res ipsa".[40]

---

[40] Die Wandlung des argumentum zum Tertium ist ebenso problematisch, wie das, was das Tertium schließlich auslöst: die 'unio mystica' mit der Idee der Gesellschaft. Eine eingehende Untersuchung dieses Problems erforderte eine andere Arbeit als diese. Sie hätte sich mit Th. W. Adornos Begriff der „apparation" ins Verständnis zu setzen (Ästhetische Theorie, S. 125—131.): Gewonnen am Eindruck des Feuerwerks interessiert ihn nicht der Weg und das Arrangement zur Hervorbringung dieses Ereignisses, - so, als gelinge es ohne Tertium und Vermittlung durch Körper.
Vicos Veranstaltung zur Vereinigung mit der Idee ähnelt den Initiationen des Ignatius von Loyola, mittels derer die an den Exstasen der heiligen Theresa gefürchtete Selbstauflösung und Passivität überwunden werden sollten zugunsten politisch-religiöser Aktivität. Sein Vorschlag ist: geistliche Übungen mit methodischer Empfänglichmachung und Durcharbeitung der Seele, um „die religiösen Vorstellungen in eine fest umgrenzte sinnliche Anschauung zu bannen und jedes durch die Einbildungskraft geformte Bild mit

4.-Für einen Augenblick hat sich die Idee gezeigt, das, was, sich unablässig verkörpernd in Gesellschaft, deren Gesetz ausmacht. Sie ist gewissermaßen die ‚prima idea‘. Doch was mag dann eine ‚seconda idea‘ sein? [41]Sie ist das Argument, das zu Beginn der Rede ‚vorgelegt‘ wurde. Es ist die unwahr gewordene Repräsentation der Idee und kann deshalb anfangs nurmehr appellativ an den Zuhörer sich wenden; es dringt nicht so recht ein, wird nur gezeigt. Es benennt seine Unvollkommenheit in dem, was nicht aufgegangen war am Versprechen der Vergangenheit, das mit ihm sich verbunden hatte und das es weiterhin repräsentiert als unvollkommene Verkörperung der Idee. Das Argument ist die Idee, die in ihrer Unwahrheit nicht mehr ihren Gegenstand, die Gesellschaft, einigen kann, worüber nicht nur diese, sondern jedes ihrer Teile in sich zerfallen mußte. Die

---

einem auf seinen Gehalt abgestimmten Gefühl zu begleiten“. (Werner Weisbach, „Der, Barock als Kunst der Gegenreformation“, S. 13). Da Vico aufgewachsen war im spanischen Neapel und erzogen wurde in einem Jesuitenkolleg, mag es ihm, ebenso wie dem Ignatius, wichtig gewesen sein, die Affekte zu verkörpern und im Wechsel der Körper eine Art Reinigung vorzunehmen, gleichsam die Affekte körperlos werden zu lassen, um schließlich in aller Reinheit die Erscheinung der Idee aufnehmen zu können. Zwar besteht die Ähnlichkeit zwischen der Lehre Vicos und der des Ignatius in dem Umstand einer politischen Ausrichtung. Doch die Ziele, herrschaftskonforme Elite hier, Transformation der Gesellschaft dort, sind verschieden und bestimmen darin ihren eigenen Entstehungsprozeß: die wochenlang eingeübte und lebenslang gehütete Brechung des Selbst, während bei Vico die 'penetratio' nur kurzzeitig die Individuen auflöst.

[41] Die Begriffe ‚prima idea‘ und ‚‘seconda idea‘ verwendet Vico nicht. Doch drängen sie sich auf angesichts der ständigen Rede von der terza idea, deren traditionelle Bedeutung die Einheit zweier ähnlicher Dinge zu stiften und gleichsam als Drittes zwei Andere bloß horizontal zu verbinden, von Vico aufgegeben wurde zugunsten einer (vertikalen) triebökonomischen Gerichtetheit.

Nennung des Argumentes und seine Abschweifungen beschleunigen nur den Prozeß dieses Zerfalls. Sie eignen sich ihn mimetisch zu, indem sie ihn ‚aufführen‘, ihn zu einem bewußten, betriebenen, realisierten Zerfall machen, dem eine „Ordnung" zugrunde liegt. In dieser Zerstreuung sind die Seelen schon zur Hälfte wieder vereinigt.

Das Argument führt ihnen dann in der eigenen Durcharbeitung, in der es sich als Durcharbeitung der Seelen entpuppt, vor, wie sie zu einer Erneuerung gelangen können. Indem es sich mit allen Dingen mittels der Hinsichten in Beziehung setzt, entfremdet es sich von seiner anfänglichen Gestalt; war diese zur Unwahrheit des Partikularen geworden, so betreibt und verschärft es jetzt ihre Partikularität, verschärft sich zur Idiosynkrasie, die Weise ihrer Vermittlung, durch die es, sich verallgemeinernd, Allgemeinheit hervor'ruft'.

In seiner Auflösung öffnet sich (se pandere) der Winkel, das ‚argumentum‘. Im ersten Kapitel war schon gesprochen worden von der Fähigkeit des ‚stumpfen‘ Winkels: er vereinige mehr als der ‚scharfe‘, dringe aber weniger schnell in seine Materie ein. Er macht sich sperrig, - die Idiosynkrasie - , um so mehr er Materie aufnehmen will. Er dringt nicht vor zum ‚Zentrum‘ - der ‚prima idea‘ -, komprimiert die Materie nicht genug, damit der Widerstand des Zentrums mobilisiert werde und es Anderes von innen nach außen katapultieren könne. Indem das Argument sich ‚weitet‘, setzt es sich in den ‚extremsten‘ Widerspruch, nicht zur Idee, aber zu all ihren Repräsentationen im sensus communis; dieser ist selbst in sich zerstritten, und das Argument vertritt, konzentriert in sich seinen Widerspruch. Selber ein Partikel aus dem sensus communis kehrt sich das Argument gegen ihn und arbeitet sich an ihm ab. Hierbei und angesichts der ‚Breite‘ des Winkels bezeichnet das

,weitauseinanderliegende Ähnliche', die Repräsentation der alt gewordenen Idee im sensus communis. Es überwiegt die Figur des „raggirare".

Der Augenblick der größten Breite, dann, wenn der ganze zerstrittene sensus communis anhand aller in ihm aufbewahrten Topoi ,durchlaufen' ist und auf den Nenner des sich äußerst Widersprechenden, den Widerspruch balancierend[42], den sensus communis aufklärend einigt zum deutlichen Widerspruch, erscheint das ihn mit seiner Doppelschneide gänzlich tragende und in dieser Funktion gewandelte - indem es alles Ähnliche auf seinen Widerspruch vereinigt hat, wird es das Eine - Ähnliche, die Eine und adäquate Repräsentation der Idee. Das Argument wird Tertium - das Ähnliche der Idee und nicht weiter: das Ähnliche des auseinander Liegenden; mit seiner Schärfe kann es den Widerspruch durchstoßen und vordringen zur Idee, der es zum Impuls wird, daß sie sich in ihm verkörpere.

Trotz der Deutung des Tertiums als verwandeltes Argument verbleibt ein mysteriöser Rest in der Art seiner ,Findung'. Die Etymologie hatte sich wohl als deren Erprobung, nicht aber als Mittel ihrer Hervorbringung erwiesen, und die Topik lehrt zwar die Argumente, doch darin nur vorbereitend die ,Findung'.

5.- Die ,prima idea' findet in der „terza idea" eine ihr angemessene Repräsentation; mit dem Akt der Verkörperung verschwindet sie aber sogleich. Was bleibt

---

[42] Von Pico berichtet Edgar Wind: "In the centre the opposites are held in balanee, but in the sourcetheycoincide. ... Balance is but an echo of divine transcendence". (Pagan Mysteriös in the Renaissance, S. 88)

nun übrig? Diese Frage wird all das umfassen, was der Concetto oder der Disegno des Vasari meinen. Es ist das Derivat des Erscheinens der Idee, nicht, wie Panofsky schreibt, das der wahrnehmbaren Wirklichkeit. Die Antworten sind die Partikel, in die sich das Tertium nach dem Verschwinden der Idee aufgesplittert hat als die ihr adäquaten Repräsentationen. Die Vielen dennoch in ihrem Zugleichsein zu erhalten, bedarf es der Unschärfe und Flüchtigkeit an der Gestalt des Disegno oder der Abfolge des Textes.

Die gewonnene „terza idea", die die Gesellschaft mit sich und der „prima idea" versöhnt hat, wird zum Symbol dieser Versöhnung. Das Ingenium kann es sich als Trophäe zur Ausbildung seiner Flügel an den Rücken heften und dort den „invenzioni" anfügen, die sich nun sämtlich als „terze idee" entpuppen und in ihrer Fügung zum Flügel herabgesunken erscheinen zum sensus communis, um dort dem Ingenium zur Leichtigkeit seiner künftigen Werke zu verhelfen, deren jedes ihrer Erneuerung gilt.

Im sensus communis wird die „terza idea" zum Topos, zur Frage, die einst als Argument die Klage ihrer Unerfülltheit führen wird. So ist der Topos nicht nur ein Vorgegebenes, sondern Hervorgebrachtes, und seine Hervorbringung Erinnerung.

Weil die Topik die Kunst ist, die alle Topoi betrifft, umfaßt und in Erinnerung ruft, kann sie qua arte und nicht bloß, weil sie in allen Hinsichten ihre res durchläuft, den Anspruch auf Verbindlichkeit hegen, den sie nun nicht mehr an die Kritik abtreten muß: „Wer daher nach allen Regeln der (topischen) Kunst an die Sache herangeht, kann sich der Übereinstimmung mit jedem Gelehrten sicher sein". (Metaphysicus, S. 132 f.)

Die erneuernde Repräsentation der Idee ereignet sich mit Hilfe von Worten; aus Worten auch bestand die Verkörperung, die „terza idea". Das Plötzliche am Erscheinen der Idee weist auf eine Verdichtung ihres Körpers in einem einzigen Wort, so daß jedes für eine mehr oder weniger vollkommene Repräsentation der Idee gehalten werden kann: „So wie die Worte Symbole und Zeichen der Ideen, so sind die Ideen Symbole und Zeichen der Dinge" (Metaphysicus, S. 35); da „res" jetzt die Gesellschaft ist, wird diese zum Symbol der Idee und liiert sich darin mit den „verba", diese sind die als sensus communis den Bestand der Gesellschaft wie auch das an ihr Ausstehende festhaltenden ‚symbola ideae'. Darüber weitet sich der Begriff des Topos zu dem des Wortes, so daß Topik zu Etymologie und Philologie wird.

6.- Das bedeutendste ‚Übriggebliebene', gewissermaßen der bedeutendste Disegno oder Concetto, ist die Einheit von Wort und Handlung[43] in der „Überzeugung". Schon

---

[43] Die Beweiskraft der Worte, das Wort als Tatbestand im gesellschaftlichen Prozeß, findet den vielleicht triftigsten Ausdruck in der Selbstverteidigung des Sophisten Isokrates: „Meiner Meinung nach ist die beste und fairste Verteidigung diejenige, die die Richter befähigt, so weit wie möglich die Fakten zu kennen in Bezug auf die Zwecke, aufgrund derer sie zu wählen haben, und die ihnen keinen Raum lassen, in ihren Urteilen fehlzugehen oder in Zweifel darüber zu bleiben, welche Partei die Wahrheit spricht. Angenommen ich würde wegen irgendeiner kriminellen Handlung angeklagt, so würde ich nicht die Handlung selbst vor euren Augen produzieren können, sondern Ihr würdet die Fakten dessen, was ich sagte, verbinden müssen, um das bestmögliche Urteil zu finden. Aber weil ich angeklagt bin wegen eines Angriffs durch meine Worte so denke ich, daß ich in einer besseren Position bin, Euch die Wahrheit sehen zu lassen; denn ich werde die wirklichen Worte, die ich gesprochen und geschrieben habe, zur Evidenz vorbringen, so daß Ihr nach meinen Ausführungen werdet wählen können nicht aufgrund von Konjekturen

im ersten Kapitel war sie als „effectum" der Rede vorgestellt worden, „persuadendi facultas": „Nur derjenige überzeugt (mit seiner Rede), der in dem Zuhörer die gewünschte Gemütslage hervorbringen kann", (Metaphysicus, S. 67). Die körperlich-bildliche Redeweise, die Vico dem Redner empfiehlt, kann nach allem nicht als Devotion vor dem vulgus angesehen werden. Sie ist vielmehr konstitutiv für das Erscheinen der Idee. Im „raggirare" verwandelt sich das Argument unablässig in neue Körper, die es wieder fahren lassen muß, um als Anderes erscheinen zu können.

Die körperlich bildliche Redeweise spielt die ‚Verirrungen des Lebens' mimetisch nach; sich diesem anähnelnd ruft sie die Erinnerung wach, das Reservoir aller Überlieferung, das nur aus Körpern bestehen kann; Die ‚altlatinische' Einheit von „memoria", „phantasia" und „imaginativa" - die Vermögen für die im sensus communis aufbewahrten Topoi - erklärt sich Vico in folgender Weise: „Deswegen, weil wir uns nichts anderes vorstellen können als das, woran wir uns erinnern, und wir erinnern uns immer nur an das, was wir durch Sinneswahrnehmung aufnehmen können", (Metaphysicus, S. 125). In der Bindung der Phantasie an Erinnertes und der Erinnerung an Wahrgenommenes wird die Phantasie begrenzt auf die Wahrnehmung, die bei Vico zuletzt die Gestalt der Geschichte erfaßt. Der Umstand, daß kein Maler je seine Phantasieprodukte ausgestattet hat mit anderen als natürlichen Formen, die lediglich auf eine neue Weise zusammengesetzt wären, dechiffriert sich jetzt als der, daß kein Staatsmann ohne die begrenzende Besinnung auf Geschichte sein Werk der Erneuerung der Gesellschaft leisten kann, wenn anders er nicht ein Tyrann ist. Die Angewiesenheit der Phantasie

---

sondern mit klarer Kenntnis ihrer Natur." (Antidosis, S. 215 (49-54) aus dem Engl. v. Verf.).

auf Körper findet sich wieder in der des Argumentes; ihm wird der Körper zur Gelegenheit (occasio) der Durcharbeitung. Der Körper ist für das Argument keine Grenze, soviel als er zum Gefäß und Anlaß der Hervorbringung der Idee wandelbar ist und in der Erneuerung seinen alten Gehalt einlösen kann.

Die mit der „terza idea" gesetzte Überzeugung, die neue Synthese der Gesellschaft, ist das Urteil. Entstanden aus der Balance von Form und Formlosigkeit im „raggirare", ist es identisch mit der Urteilskraft, die es in eines setzt mit der Idee; als „mens" geht diese in das Urteil ein; und die freischwebende, gemeinsam mit dem Argument vibrierende Seele findet im Urteil ihre Verkörperung zur „mens animi". Da aber die Seele nicht aufgeht in Urteilskraft, verbleibt ihr ein Rest, mit dem sie über das Urteil hinaus ‚will', und der geradezu die Idee, wäre sie beschränkt auf die Komponente der „mens", ihrer Unwahrheit überführen würde. Jetzt wird die Besonderheit der Idee wichtig, die Vico von allen anderen ‚unio mystica' - Denkern unterscheidet. Als Idee der Gesellschaft drängt sie auf deren Weiterbildung, ohne die sie sich nicht erfüllen könnte.

Die Arrangements des Ignatius von Loyola galten zwar dem Erhalt der Handlungsfähigkeit derer, die die ‚unio mystica' erleben wollten, waren aber nicht konstitutiv für Handlung, erst recht nicht politische. Vicos Idee zwingt zur politischen Handlung als der ihr mit dem Tertium einzig möglichen adäquaten Repräsentation. Sie begleitet darin trotz ihres Verschwindens die Seele, die sich in der ‚bilderreichen Rede' und in der ‚unio mystica' nicht erschöpfen konnte. Sie begleitet die Seele so, wie beide im Tertium zusammengekommen waren zur „causa", die ihr „effectum" sowohl enthält wie hervorbringt; dieses zeigt sich jetzt als Handlung und das beide vermittelnde „negotium" als „terza idea", die die Handlung hervorbringt, sobald sie ausgesprochen ist.

Die Verbindlichkeit des „verbum" stellt sich jetzt auf einer neuen Ebene dar. Schon war die Rede davon gewesen, daß jegliches Wort sowohl „terza idea" gewesen sei, als auch zu ihr tauge; schon Vicos Wertschätzung der Worte, erst recht aber ihre Bedeutung für die Transmission der ‚unio mystica' in politisches Handeln, geben ihnen die Stellung des ‚Beweises' der Idee, der die Erkenntnis im nachhinein zwecks Demonstration nachkonstruiert. Vom naturwissenschaftlichen Kontext hinübergeführt in den gesellschaftlichen, bringt der Begriff des Beweises ebenso den seines Herkommens als Experiment mit; Experimente denn auch sind Worte und die ihnen zugehörigen politischen Handlungen, doch es ist kein hypothetisches Faktum, sondern Verum-Factum, da es von demjenigen hervorgebracht ist, der in sich deren ‚Elemente' besitzt, vom sensus communis, den der ‚Beweis' zur Idee hin und mit ihr neu disponiert hat. Da dies der Gesellschaft nicht für die Natur möglich ist, kann sie es nur an sich selbst einlösen.


7.- Gesellschaft ist nicht: Mensch. Dieser hat seine unüberschreitbaren Grenzen, die Vico im Kapitel: „Motus incommunicari" bewiesen zu haben glaubt. Doch für einen Augenblick sind diese Grenzen gesprengt worden, weit über das Maß bloßer „determinatio" hinaus. Dadurch gewinnt der Akt gesellschaftlicher Erneuerung den Charakter der grenzüberschreitenden exzessiven Synthesis des Tyrannen. Im Verlauf der Rede zunehmend nähert sich der Redner dessen Gestalt. Was noch mimetisch als Maske gelten durfte, erweist sich im Augenblick der Erscheinung der Idee in der entgrenzten Menge als real. Nur wenig verliert diese Realisation, bedenkt man ihre gerade nicht den Tyrannen beschreibenden Voraussetzungen: Die Beschäftigung mit Geschichte als der kollektive Ausdruck der Idee, die erneuernde Kontinuierung der Idee, die Beschränkung auf Sprache, Miene, Geste, das Augenblickliche seines Daseins als Tyrann und zuletzt die Mimesis, die eine an diesen sowohl als an die Menge ist.

Und doch verkörpert der Redner die Ohnmacht, in der die politische Aktion sich komprimierend, spiritualisierend gezwungen sieht, sich auf Sprache, Miene, Geste und Augenblick zurückzuziehen, um von dort mit der ihr gebührenden Lautstärke die Identität von verum und factum herbeizurufen. Das Werk des Redners hat nicht die Kontinuität des Politikers und Tyrannen zur Verfügung; deshalb auch nicht deren Mittel der Administration und Folter. Absehend, absehen müssend von diesen initiiert er ein Moment der Anarchie, in deren Erscheinen der Idee er ihr Recht auf eigene Kontinuität zeigt und die 'Mittel' ihrer Diskontinuität wegen als falsche Verkörperungen überführt und sprengt. Darin erweist die Mittellosigkeit des Redners ihre Macht, die demjenigen nicht zukommen kann, der die Mittel hat.

Der Tyrann, wie auch der kartesische Redner, begnügen sich mit dem Wahren: „uno vero contenti"[44], doch auf dem „verum" läßt sich nicht beharren, da alle Dinge bewegt sind. Dennoch an ihm festzuhalten, heißt, ihm in 'kalter' Positivität alle Lebendigkeit auszutreiben, keine 'lebhafte Rede' halten zu können und in wortloser Autorität sich nicht um die Meinung der Menschen kümmern; mag „Meinung", der Modus des Verstehens der 'Menge', auch weniger die Lebendigkeit als die Vielheit, Undurchdringlichkeit und Begrenztheit der Menschen anzeigen, so ist der kartesische Tyrann doch derjenige, der sowohl diese Grenzen ignoriert, - sich um sie nicht kümmert - die Grenzen nicht als die seinen

---

[44] De nostri temporis, S. 62

anerkennt - sie durchstößt zur Unfreiheit - als auch die Grenzen fixiert - ihnen nicht den Raum zur Verschiebung läßt.

Sobald dies mit der ‚Wahrheit' angestellt wird, ist sie ‚Unwahrheit' und das Wahrheitsähnliche das, was Wahrheit erscheinen lassen kann. Deshalb empfahl Vico seinen Schülern, das „verosimile" zu studieren.

Vicos Behauptung, die Formen seien individua, bedarf einer Revision, vielmehr müssen wir sagen, die Formen sind in ihrem historischen Verfallsprozeß erst formae individuae geworden; da sich die „terza idea" als „formae individuae" der „prima idea" herausgestellt haben; die forma hat Anspruch auf Allgemeinheit, weil sie sie in Gestalt der Idee erfaßt und herstellt in der Gesellschaft. Dadurch verschiebt sich die Bedeutung von Vicos Begründung dafür, daß die Redekunst, Politik und Medizin nicht lehren könnten, da sie nicht verfügten über „die Gattungen und Weisen, durch die die Dinge zur Entstehung kommen, ..., weil der menschliche Geist keine bildende Form für jene Dinge in sich trägt, die der Mutmaßung unterstehen" (Metaphysicus S. 59). (Anders bei den Künsten, die ihre Form herstellen, wie etwa die Töpferei, Malerei oder Architektur). Sind aber nun die formae rerum, die zum sensus communis zusammengesteckten „ideae tertiae", sind sie Hergestelltes, ein Erzeugnis der menschlichen Gattung, so führt die zur Hervorbringung nötige Beschäftigung mit ihnen zum Ergebnis eines lehrbaren Wissens. Als vergangene formae individuae sind sie noch oder wieder unvollkommen, also nicht mehr ‚formae' und müssen als Tertium gesucht und erneuert werden.

Auf diesem Widerspruch zwischen dem unvollkommenen, herabgesunkenen Vorhandenen und dem zu suchenden Vollkommenen gründet die Topik ihr Recht.

Die Nähe zu den Dingen, die Vico den Topoi abverlangt, ist die zu jeder einzelnen der „tertiae ideae". An diese müssen sie sich ‚anschmiegen', um im Zusammenschmelzen mit ihnen sich zu ihrem Stellvertreter zu machen, der das Uneingelöste an ihnen als Frage in die Wirklichkeit trägt. Die Topoi sind Fragen aus der Unvollkommenheit[45]. Sie bringen das Verdrängte an die Oberfläche, indem sie sich ihm nähern. Wie Topik dazu verhelfen soll, Argumente zu ‚tertiae ideae' zu vervollkommnen, besteht sie selbst aus diesen. Ihre Topoi sind die mit der ‚vis cunei' ausgestatteten doppelschneidigen Argumente, die in die ihr ähnlichen, zur Ähnlichkeit abgesunkenen, zu Partikeln des sensus communis gewordenen ‚tertiae ideae' eindringen und, wie im gesellschaftlichen Verhältnis von Redner und Publikum, den Impuls und Körper für deren Erscheinen abgeben; sie sind nicht die des ‚Gesetzes' der Gesellschaft - gleichwohl ihm ähnlich - soweit beide Verdrängtes sind.

Und sie sind das als Frage erscheinende Verdrängte, das sich unter dem als eigener Überdruck empfundenen Drängen der ‚prima idea' auf Repräsentation zugespitzt hat zum zweischneidigen Argument.

---

[45] Die Topoi sind der aus dem Verdrängten an die Oberfläche gelangte Zweifel, der nur versöhnt aber nicht ausgeschlossen werden kann wie der methodisch an allen Körpern betriebene und darum Beruhigung in der Falsifikation des Äußeren findende Zweifel des Descartes. Seine Zweiflerfigur ist der Einsame, dem niemand sagt, ob er träume oder wache. Seine Erkenntnis ‚cogito ergo sum' soll ihm den sensus communis, den zu erneuern er aufgegeben hat, kompensieren, den er darum zur Selbstevidenz verklärt und keiner Analyse zugänglich findet. Descartes Klärung des Diffusen alles Bezweifelten zur Frage nach Sein oder Nichtsein findet bei Vico zur ‚Schärfe' des Argumentes; seine Zweischneidigkeit drängt auf Realisierung, die des kartesischen Zweifels auf deren Negation.

Zusammengeschmolzen zu Dem Argument, dürfte sich die ‚Vielheit der Hinsichten' auf Einen Topos zurückführen lassen: auf den von Differenz und ihrer Relation, auf das auf Wiederkehr drängende Verdrängte. Die Vervielfältigung der Topoi aus dieser Quelle erklärt sich dann als das ihnen wesentliche Moment der „Mimesis an die Rationalität"[46]. So weist sich Vicos Referat der aristotelischen Kategorien (s.o.) aus als Schilderung eines rhetorischen Vorgangs: Zunächst Klarheit schaffen, mimen im Abstecken von Grenzen. Allmähliche Anreicherung mit Relationen, die schließlich in einem ‚Alles in Allem' triumphieren, sich wendend gegen das Beginnen, darin ‚Kategorien' Erneuerung gewährend.

Für das Verdrängte Körper zu ‚finden' und bereitzustellen, ist Topik die Kunst der Wahrnehmung. Wozu sie gelangt, sind Fragen, nicht Lösungen. Sie ist die Kunst des Fragens, doch, um Antworten zu ‚finden'. Die Antworten sind die Tertia, die die Idee verkörpern, die sich also nur in der Gesellschaft realisieren und nur durch Realisation Bestand haben können.

---

[46] Th. W. Adorno, Ästhetische Theorie, S. 88.

# Exkurs: Über die Leichtigkeit

Schon einige Male war die Rede gewesen von der Leichtigkeit, deren das Ingenium bedürfe und die zu erlangen sein eigenes Werk sei, vom Anstecken der Trophäen zu Flügeln, die schließlich den sensus communis darstellten, den ‚hinter sich zu wissen‘ wiederum die Leichtigkeit des Ingeniums begründe im Absehenkönnen von ihm; angewachsen, bildeten die Flügel die Natur des Ingeniums, während der Bogen und mit ihm die Kunst ihn zu handhaben äußerlich blieben; das Doppel der Flügel gehe ein in das der Pfeilspitze, die sich als Argument entpuppt hatte, mit dessen Hilfe sie ihre Erneuerung anstrebten. Auch war davon die Rede gewesen, daß die gesamte Aktion des Ingeniums mit dem Blick beginne. Ihm am meisten von allem, was die Vorderseite des Jägers in der Darstellung des Ripa zeigt, eigne das ‚Absehenkönnen‘. Auch vom Bann war gesprochen worden, mit dem der Jäger, mimetisch, die Seele seiner Beute veräußerlichend, das Erjagen antizipiere. Jetzt soll die Rede sein von dem, was bei der Antizipation real ist oder, was der Blick erjagt.

„Das Vermögen, ‚facultas‘, ist ‚faculitas‘ und später ‚facilitas‘, ‚Leichtigkeit‘ genannt worden, als sei es eine ungehinderte, stets aktualisierbare Fähigkeit des Hervorbringens. In diesem Sinne ist es die ‚Leichtigkeit‘ der Verwirklichung einer Anlage im Akt. So ist die Seele Kraft, das Sehen der Akt der Verwirklichung dieser Kraft, und der Gesichtssinn das Vermögen zum Sehen“, (Metaphysicus, S. 119). Identisch sind „Vermögen“ und

„Leichtigkeit". Als Vermögen der Seele verschaffen ihr beide den leichten Durchgang nach außen; ebenso leicht geleiten sie sie, richten sie, die immerzu nach Außen drängende Seele, aus, selbst auf das, dem ihr ureigenstes Interesse gelten müßte, die Selbsterhaltung ihres Körpers, - so, zur Gewichtung der facultas videndi, deutet Vico das berühmte Phänomen des verletzten Kriegers, der erst nach der Schlacht seine Wunden, - diese anschauend -, verspürt. Die Sinnesvermögen weisen der Seele den Ort, an dem sie sich niederlassen kann, dem sie sich inkorporieren kann - es ist der Ort, den Vico als Kategorie nicht nennen wollte, denn er ist der außerhalb der Topik gelegene Topos, auf dessen Findung sie dennoch hinzielt. Doch, wie dieser Topos ihr Ziel, hat ihn das Sehen schon längst erreicht.

Baldesar Castiglione beschreibt in seinem Buch „Vom Hofmann" die „Lässigkeit" („sprezzatura") als das, was „die Kunst verbirgt und worin sie bezeigt, daß das, was man tut oder sagt anscheinend mühelos und fast ohne Nachdenken zustande gekommen ist. ... Man kann daher sagen, daß wahre Kunst ist, was keine Kunst zu sein scheint; und man hat seinen Fleiß in nichts anderes zu setzen, als sie zu verbergen" (S. 53). Was Castiglione als Schein des Kunstlosen ausgibt, hat sein Reales.

Der Zwang, den die Kunst, das Eine, auf das Viele ausübt, dem sie gelten will, teilte sich ihrem Werk mit, wenn nicht Abstand von ihr gewonnen würde. Von der Kunst absehen zu können, bedeutet, sie an ihre Herkunft aus dem „Vermögen" und darin zugleich an den von ihm festgehaltenen Zweck, dem sie Mittel ist, zu erinnern. Sie für nicht vorhanden zu erklären, heißt, das mittels ihr Errungene dem „Vermögen", aus dem sie stammte, zurückzuwidmen. Erst die Natur des Vermögens - und nicht die Einheit der Kunst - kann sich mit der Vielheit der Dinge diesen gemäß liieren: Wie jedes Vermögen sein Objekt mache, so gelte auch Herbert von Cherbury's

Satz, „ ... daß sich mit jeder Sinnesempfindung ein neues Vermögen in uns erklärt und zeigt" (Metaphysicus, S. 251). Die Seele, die durch die Vermögen draußen Verkörperung findet, verkörpert sich nach innen zum Vermögen. Dieses ist die eingeholte Natur. Da die Topik, das mühsame Mittel, verdrängt werden darf, bleibt nur das im Blick Wahrgenommene, das Erste, das als Letztes dem Ingenium sich einverleibt und ablagert in seinem Gedächtnis, wo es als Phantasie die Leichtigkeit seiner Erringung nachspielt.

# Schluß: Der Anfang der Geschichte. Verinnerlichung des Naturzwangs in die Gesellschaftsbildung

Mit einer sozialgeschichtlichen Interpretation der Mythen will Vico das seiner Zeit gemäße Problem der Selbstreflexion des Menschen lösen; nicht die Selbstanschauung des Geistes und auch nicht deren Vermittlung durch Naturerkenntnis allein, sondern nur beides als gesellschaftlich Vermitteltes können den Ort der menschlichen Selbsterkenntnis bilden. Darum ist der Mythos ‚erzählte Geschichte‘, und ‚Erzähltes‘ ein ‚verum‘, das ein ‚factum‘ ist, soweit es vom sensus communis ausgegangen und inspirierend wieder in ihn zurückgegangen ist. Jeder einzelne überlieferte Mythos, auch einzelne Worte, bilden topoi des sensus communis. Vicos Geschichtsphilosophie kann man deshalb eine ‚Genealogie des sensus communis‘ nennen.

Der ursprüngliche Naturzwang - die in ‚heftigster Leidenschaft‘ und ‚ungeheurer Wildheit‘ lebenden und nur durch einen schreckeneinflößenden Gedanken zu bändigenden Giganten flüchten sich vor den Naturgewalten in Höhlen, wo sie erste barbarische Gemeinschaften bilden - ‚unter dem sich Gesellschaft zuerst konstituierte, kann nur um den Preis eines neuerlichen Zwanges, des gesellschaftlichen Konfliktes zwischen Aristokraten und Famuli gebrochen werden, der zum Aufstand führt und von nun an zum Ferment eines jeglichen Staatswesens wird als der Nötigung zum Zusammenschluß.

Schon dem jungen Vico geht es um das Betreiben dieses Konfliktes; seinen Schauplatz findet er am Ort des Auftretens der personifizierten Pole der gesellschaftlichen Selbstentwicklung, an dem Ort, der den Redner mit seinem Publikum eint.

Vicos Spätwerk, die „Scienza Nuova", transformiert diesen an der Redesituation gewonnenen Akt in die Vorstellung einer permanenten Revolution, die auch schon dem jungen Vico im Bild der Systole und Diastole vor Augen stand. Doch hebt er die an solche Naturbegriffe gebundene Gleichförmigkeit der Bewegung auf zugunsten des Zieles der Zivilisation, deren höchster Ausdruck die Geschichtsphilosophie selber sein soll als der Beweis der Reflexion, als Herstellerin und Dokument des Zeitalters der Vernunft.

Auch in letzterem geht die Geschichte weiter; denn sie, die über der Verdrängung sich radikalisiert hat zu einer des Schreckens und seiner Besänftigung durch den Historiker, findet im Unausgestandenen die Triebkraft für die Fortentwicklung in die Zukunft, an die es sich binden will.

Das in der Geschichte aufgedeckte ‚Gesetz' wird ihm zur Schubkraft der Neuerung, so daß ‚Gesetz' und Unausgestandenes zusammen wirken zugunsten ihrer Auflösung in Besänftigung.

Der ‚uomo sapiente' ist Sachwalter dieser Anstrengung. Sein Tun bedeutet die höchste Sublimationsform des Ingeniums; wie nach mechanistischer Auffassung Naturstoff und Naturkraft eingefaßt und veredelt werden von und zu einer Maschine, so werden im ‚weisen Menschen' Erfahrung, Gemeinsinn, Affekte und Leidenschaften gebündelt zum Ingenium.

# Originaltexte

## S.20 – S. 24

**S. 20** „Neque ingenia ad artes, quae phantasia vel memoria, vel utraque valent, ut pictura, poetica, oratoria, inrisprudentia, quicquam sunt hebetanda".

**S. 21** „Ingegno è quella potenza di spirito, che per natura rende l'huomo pronto e capace di tutte quelle scienze, ond'egli applica il valore, e l'opera".

„Stando con attenzione in atto di tirare."

**S. 22** „Giovane si dipinge, per dimostrare, che la potenza intelletiva non invecchia mai. Si rappresente con la testa armata e in vista fiero, e ardito, per dimostrare, il vigore, e la forza. L'aquila per cimiero dinota la generosità, e sublimità sua, perciòché Pindaro paragona gli huomini di alto ingegno à questo ucello, havendo egli la vista acutissima, e il volo di gran lunga superiore à gli altri animali volatili. Si dipinge nudo e con l'ali di diversi colori per significare al sua velocità, prontez nel suo discorso, e la varietà'. L'arco, e la frezza in atto di tirare, mostra l'investigazione, e l'acutezza." S. 13

**S. 23/24** „,Arguti' autem sunt, qui in rebus longe dissitis ac diversis similem aliquam rationem, in qua sint cognatae, animadvertunt, et ante pedes posita transiliunt, et a longinquis locis repetunt commodas rebus, de quibus agunt, rationes: quod specimen ingenii est, et ,acumen' appellatur. Unde ingenio ad inveniendum necesse est: cum ex genere nova invenire unius ingenii et opera et opus sit."

**S. 24** „,Ingenium' facultas est in unum dissita, diversa coniugendi: id ,acutum' Latini, ,obtusumve' dixerunt: utrumque ex geometriae penetralibus: quod acutum celerius penetrat, et diversa, tamquam duas lineas in puncto infra angulum rectum, propius uniat; obtusum vero, quia tardius res intrat, et res diversas, uti duas lineas in puncto unitas extra rectum angulum longe dissitas a basi relinquat. Et ita obtusum ingenium sit quod serius, acutum quod ocius diversa coniugat."

S. 25 „in qua ex his ipsis Latinae linguae originibus naturam collocabam in motu, quo per vim cunei quaeque in sui motus centra compellerentur, et vi conversa a centro circumcirca expellerentur ad ambitum, et res omnes per systolem et diastolem quandam gigni, vivere et interire".

S. 28 „Nosce te": „Nosce animum tuum".

„At mentis acies, quae omnia invisit, se ipsam intuens hebescit. Vel hoc ipso agnoscis animi tui divinitatem, eumque Dei Opt. Max. simulacrum esse animadvertis".

„Quia, dum se mens cognoscit, non facit, et quia non facit, nescit genus seu modum, quo se cognoscit". „Deus in me cogitat; in Deo igitur meam ipsius mentem cognosco".

S. 29, Anm. 7 : „legit, ..., quia (non) continet et disponit".

„L'intelligenza propria dell'uomo, non già di Dio".

„'Intelligere' viene di ‚interlego', fatto più dolce ‚intellego', presa la prepositione ‚inter, non in sentimento di framezzamento, si che significasse ‚trascegliere tra le molte le migliori cose', cioè a dire le vere, ma in significazione di accrescimento o di perfezione".

„quae ad Deum relatae non esse ex vero videntur".

S. 30 „ideas in hominum animis a Deo creari excitarique sint".

„Et ad Deum liberuim ius et arbitrium animi motuum retulerint, ut ‚libido', seu facultas quaeque desiderandi, ‚sit suus cuique Deus'".

„Ab animo pendere mentem putarint, quia ut quisque est animatus ita cogitat, de iisdem enim rebus pro diversis studiis alii aliter sentiunt".

S. 31 „Ut tutior cautio sit ad vera meditanda exuere affectus rerum pene dixerim, quam praeiudicia: praeiudicia enim nunquam deleas, manente affectu; at, affectu restincto, detrahitur rebus persona, quam iis nos imposuimus, et ultro res ipsae manent".

S. 32 „Cum animo tota eloquentiae res est".

S. 33 „At multitudo et vulgus appetitu rapitur et abripitur: appetitus autem est tumultuosus et turbulentus".

„Et tamquam in rebus humanis non regnarent libido, temeritas, occasio, fortuna, per amfractus recta pergas".

**S. 38** „i cui parlari son volgarissimi".

**S. 43** „'Caussa', in significazion propria dei filosofi, signivica ‚cosa che fa'. l romani significarono con questa voce ciò che ‚negozio' anche s'appella. Mi pongo in ricerca come egli poté avvenire che la voce, la qual significa ‚ciò che fa', passasse a significar ‚ciò che è fatto'. Refletto altresi ciò che nasce dalla causa appellarsi da' latini ‚effectus', e l'effetto in sua elegante significazione dinota ‚fatto perfettamente'. Non truovo come questa cose abbiano tra loro rapporto alcuno; e pure son certo che le voci non sieno poste a caso. Dunque hassi a dire necessariamente che vi fosse stata opinione di quei primi sapienti, che diedero i nomi alle cose, che ‚causa' fosse ciò che contenesse dentro di sé l'effetto, e con esso fosse una cosa istessa, e 'l producesse con tutta perfezione".

**S. 43/44** „'Contratto' è dove si contenga il negozio, ch'essi esplicano alcun fatto, come l'imprestito, la determinazione del prezzo alla mercantanzia o le sollennità dell'interrogare e del rispondere."

**S. 48** „Physica a caussis probare non possumus".

„qui materiam, sive elementa rei incondita digerat, et disiecta componat in unum"?

**S. 51** „Sed illa Lesbiorum flexili, quae non ad se corpora dirigit, sed se ad corpora inflectit, spectari debent. Atque adeo hoc scientia a prudentia distat, quod scientia excellunt, qui unam caussam, per quam plurima naturae effecta perducunt; prudentia vero praestant, qui unius facti quam plurimas caussas vestigant, ut quae sit vera, coniiciant."

**Anmerkung 17** „Semper corpora effluunt, semper influunt et haec est vita rerum, fluminis nempe instar, quod idem videtur, et semper alia atque alia profluit".

**S. 53** „Verisimile est antiquos Italiae philosophos opinatos eum probare a caussis, qui materiam, sive elementa rei incondita digerat, et disiecta componat in unum; ex quo ordine et compositione elementorum certa rei forma extet, quae peculiarem naturam in materiam inducat".

**S.54, Anmerkung 20** „Quemadmodum Sacrae paginae, elegantia vere divina, Dei Sapientiam, quae in se omnium rerum ideas continet et idearum omnium proinde elementa, V e r b u m appellarunt: quod in eo idem sit verum ac comprehensio elementorum omnium, quae hanc rerum universitatem componit et innumeros mundos posset, si vellet, condere“.

**S. 55** „Quando contra genus humanum innumeris novis veris ditarunt ignis et machina, instrumenta, quibus utitur recens physica, rerum, quae sint similes peculiarium naturae operum.“ „Atque indidem in physica ea meditata probantur, quarum simile quid operemur: et ideo praeclarissima habentur de rebus naturalibus cogitata, et summa omnium consensione excipiuntur, si iis experimenta apponamus, quibus quid naturae simile faciamus.“

**S. 56** „Il raffinato buon gusto del secolo resta oggi tutto appagato, se vede gli effetti della fisica pruovati con gli effetti della meccanica, cioè con esperimenti che ci diano lavori simili a quelli della natura.“

**S. 61** „Nos quidem in pueris, in quibus natura integrier est et minus persuasionibus seu praeiudiciis corrupta, primam facultatem se exerere videmus, ut similia videant; unde omnes viros ‚patres‘, foeminas omnes matres' appellant, et similia faciant.“

**S. 62** „Itaque puto factum, ut solet, quod qui summa tenent, ingentia atque infinita desiderent. Itaque talis in re literaria Verulamius egit, quales in rebus publicis maximorum potentes imperiorum, qui, summam in humanum genus potentiam adepti, ingentes suas opes in ipsam rerum naturam vexare, et sternere saxis maria, velificare montes, aliaque per naturam vetitia irrito tamen conati sunt.“

**S. 66** „Neque enim inventio sine iudicio, neque iudicium sine inventione certum esse potest. Etenim quonam pacto clara ac distincta mentis nostrae idea veri regula sit, nisi ea, quae in re insunt, ad rem sunt affecta, cuncta perspexerit? Et quanam ratione quis certus sit omnia perspexisse, nisi per quaestiones omnes, quae de re proposita institui possunt, sit persecutus? Principio per quaestionem an sit, ne de nihilo verba faciat;

deinde per eam quid sit, ne de nomine contendatur; tum quanta sit, sive extensione, sive pondere, sive numero; porro qualis, et heic contemplari colorem, saporem, mollitudinem, duriciem, et alia tactus; praeterea quando nascatur, quamdiu duret et in quae corrumpatur; et ad hoc instar per reliqua praedicamenta conferre, et cum omnibus rebus, quae ei sunt quodammodo affectae, componere; sive sint caussae, ex quibus nascatur, sive quae producat effecta, sive quid operetur, cum re simili, dissimili, contraria, maiore, minore, pari collata."

„At, si tamquam indices et alphabeta habeantur quaerendorum de re proposita, ut eam plane perspectam habeamus, nihil ad inveniendum feracius."

**S. 72/73** „'disposizione di una pruova', come volgarmente si prende e da' latini ‚argumentatio' si appella; ma s'intende quella t e r z a   i d e a , che si ritrova per unire insieme le due della questione proposte, che nelle scuole dicesi ‚mezzo termine'; talché ella è un arte di ritruovare il mezzo termine. Ma dico di piú: che questa è l'arte di apprender vero, perché è l 'arte di vedere per tutti i luoghi topici nella cosa proposta quanto mai ci è per farlaci distinguer bene ed averne adeguato concetto: perché la falsità de' giudizi non altronde proviene che perché l'idee ci rapprensentano piú o meno di quello che sono le cose: del che non possiamo star certi, se non avremo raggirata la cosa per tutte le questioni proprie che se ne possano giammai proporre."

**S. 76** „homo nullam formam rerum, quas conjicit intra se habet.". ...„quae sint similes peculiarium naturae operum."

**S. 77** „Physica materia ideo quamlibet formam peculiarem educat, educit optimam."

„in caussis ultimas factorum peristases seu circumstantias."

„qui ultimas factorum circumstantias persequuntur, et caussarum peculiares reserant." „circumstantiis novis ac miris". „quo novarum rerum, uti sunt in se ipsis, expressas excipiat imagines."

**S. 78** „Loqui universalibus verbis infantium est aut barbarorum."

**S. 79** „an magis genera philosophos in errores, quam sensus in falsas persuasiones, seu in praeiudicia vulgus coniiciant."

„ut mens per genera informis fiat quodammodo, quo facilius specierum induat formas".

„Nam res formata difficile alii formatae rei aptatur".

„exploratum indubiumque, et peculiare, quod communi respondet; ... quasi quae genere constant falsa sint verae autem ultimae rerum species".

**S. 86/87** „Iam, si ita diis placet, Cicero confusus, inconditus, perturbatus: in quo tantum ordinem hactenus doctissimi viri tantamque dispositionis contentionem admirantur, ut prima quae dicit, se pandere quodammodo, et secunda excipere animadvertant; ita ut quae posteriore loco dicit, non tam ab eo dici, quam ex rebus ipsis prodire et fluere videantur. At hercule Demosthenes quid aliud totus est nisi hyperbata, ut recte Dionysius Longinus, omnium rhetorum iudicissimus, notat? Cui ego illud addiderim, quod in eius perturbato dicendi ordine omnis enthymematica dicendi vis tamquam catapulta intendatur. Is enim de more proponit argumentum, ut moneat auditores qua de re agat: mox in rem, quae nihil cum re proposita commune videtur habere, excurrit, ut auditores quodammodo alienat ac distrahat: ad extremum similem rationem inter id quod assumit et quod proposuit intendit, ut eius eloquentiae fulmina eo cadant, quo magis improvisa, graviora".

**S. 92/93** „Ita qui ex arte (topica) rem facit, is cum omnibus doctis se sentire certus est."

„uti verba idearum, ita ideae simbola et notae sunt verum".

**S. 94** „Is autem persuadet, qui talem in auditore animum, qualem velit, inducat."

„An quia fingere nobis nun possumus nisi quae meminimus, nec meminimus nisi quae per sensus percipiamus?"

**S. 98** „genera seu modos, quibus res fiunt ..., quia homo nullam formam rerum, quas coniicit, intra se habet."

**S. 101** „'Facultas' dicta quasi ‚faculitas‘, unde postea ‚facilitas‘, quasi sit expedita, seu exprompta facendi solertia. "Igitur ea est facilitas, qua virtus in actum deducitur. Anima virtus est; visio actus: sensus videndi facultas."

**S. 103** „che ad ogni sensazione si spieghi e manifesti in noi una nuova facultá".

# Literaturverzeichnis

Vico, Giambattista – „Opere filosofiche", Firenze 1971, Ed. Sansoni (Diese Ausgabe wurde nur im Falle der Ersten Inauguralrede' von 1699 verwendet. Im übrigen wurde zitiert nach den mit deutschen Übersetzungen versehenen Texten)
  „De nostri temporis studiorum ratione", lat-dt, Darmstadt, 1974
  „Liber metaphysicus Risposte", lat.-dt., München 1979
  „Von dem einen Ursprung und Ziel allen Rechts", Klassiker der Staatskunst Bd. 8, Hrg. F. Wagner und F. A. Westphalen, Wien 1950

Adorno, Th. W.- „Ästhetische Theorie", Ges. Schr. Bd. 7, Frankfurt 1972

Aristoteles, - „Organon II", Leipzig 1948 (Übers. E. Rolfes)

Bornscheuer, Lothar – „Topik - Zur Struktur der gesellschaftlichen Einbildungskraft", Frankfurt 1976

Castiglione, Baldesar – „Das Buch vom Hofmann", Bremen 1960

Curtius, Ernst Robert – „Europäische Literatur und Lateinisches Mittelalter", 7. Aufl. München 1969

Düring, Ingemar- „Aristoteles", Heidelberg 1966

Freud, Sigmund - GW Bd. VI, „Der Witz und seine Beziehung zum Unbewußten", Frankfurt, 3. Aufl. 1961

Herrigel, Eugen – „Zen in der Kunst des Bogenschießens", O.W.. Barth-Verlag 1982

Isokrates – „Antidosis", The Loeb Classieal Library, Isokrates II. Repr. 1956 (Übers. G. Norlin)

Kelsen, Hans – „Vergeltung und Kausalität", The Hague, 1941

Panofsky, Erwin – „Idea", 3. Aufl. 1975 Berlin

Ripa, Casare – „lconologia" (Rom 1603) 1970 Georg Olms Verlag, Hildesheim-New-York

Vasari, Giorgio –„Die Lebensbeschreibungen der
    berühmten Architekten, Bildhauer und
    Maler", Straßburg 1916
Weisbach, Werner – „Der Barock als Kunst der
    Gegenreformation", Berlin 1929
Wind, Edgar – „Pagan Mysteriös in the Renaissance",
    New Haven 1958